子育て再発見

それでもやっぱり，子育ては楽しい

Yamashita Masahiko
山下雅彦 著

ミネルヴァ書房

まえがき

——語りあう安心の子育て

「子どもたちの苦悩と子育ての不安が、今その極に達しています」と私は前著の「はしがき」を書き起こしました（『子どもの中の力と希望』ミネルヴァ書房、一九九八年）。あれから八年、事態は好転したと言えるでしょうか。残念ながら、再度この言葉を繰り返さなければなりません。

児童虐待は増えつづけ、大きな社会問題になりました。通学通園途中の子どもが誘拐・殺傷される事件も相次ぎ、不安が増大しています。また、前著では一章を設けて神戸での「酒鬼薔薇事件」（一九九七年）を取り上げたのですが、その後も街なかでの幼児殺害（長崎市、二〇〇三年）、小学校内での少女殺傷（佐世保市、二〇〇四年）……と、子どもが子どもの命を奪う衝撃的な事件が起きたのはご承知のとおりです。不登校だけでなく「ひきこもり」や「ニート」など、子ども・若者の〝生きづらさ〟と自立をめぐる新たな問題も提起されています。
子どもたちの受難とリンクして、子育てはいっそう不安で「きつい」ものになっていないでしょうか。しかし、今や、こうした問題が「家庭のせい」「自己責任」で済まないことは、多くの人が感じています。学校や教育の〝おかしさ〟だけでなく、日本の社会や文化、政治や経済の〝ゆがみ〟に根ざしていることも――。子どもの安全や子育て支援・少子化対策が連日のように声高に叫ばれますが、危機のあらわれ方と本質をしっかり見すえることなく、対症療法やマニュアルづくりにとどまるなら、実効あるものにはならないでしょう。

本書は、〈子どもの権利〉と〈男女平等〉の視点から、あらためて「子育てとは何か」を問いかけます。興味深いデータや身近なエピソードをご紹介しながら、読者のみなさんに「子どもって面白い」「子育てって楽しくなるかも」というような「再発見」をしてほしいのです。また、危機は「特別」な事件や事象にのみあらわれるのではなく、一見「普通」に見える日常のなかで日々はらまれています。それに気づき早めに乗りこえることも、また大事です。

カギは、子どもたち、親たち、子どもと大人、男と女の「語りあい」にあります。心かよう語りあい（対話）が安心を生み、危機を乗りこえる力をつけてくれます。「足元から」（家庭や地域、学校や職場から）、これまで長く等閑視されていた〝女・子ども〟の問題を考え直し、みんなの幸せをきずく道をご一緒にさぐってみましょう。読み終えて、肩の荷が少し軽くなったり、目の前のわが子が前よりかわいく思えたり、地域や社会のひろがりのなかで子育てをとらえる〝まなざし〟を豊かにしていただけたら、こんなにうれしいことはありません。

本書の構成を簡単にご説明しておきましょう。Ⅰでは虐待問題をはじめ今どきの子育て困難がどこから来るのか、どうすれば子育てが楽しくなるのかの原理と方法を提起します。Ⅱでは私自身がかかわった自治体の「男女共同参画」「次世代育成」プランづくりの経験、アンケート調査の結果も交えながら、男女平等に立った真の子育て支援とは何かを考察します。Ⅲでは前著の課題を引き継ぎ、子どもの幸せをきずくために「子どもの権利条約」をどう使うか、条約のその後の発展と〝切れ味〟を確かめます。最後のⅣでは、子どもが育つ土台としての〈地域〉と〈仲間〉を見直し、そこから子どもの居場所と自治的世界をひろげる取り組みをご紹介します。

今回も、いろんな意味で不十分さを承知の上での出版です。ご意見・ご批判をお待ちしています。何よりも、ここから語りあいがはじまることを願っています。

子育て再発見――それでもやっぱり、子育ては楽しい　目次

目　次

Ⅲ　足元から切りひらく子どもの権利

I　支えあえば楽しい子育て

1　地域に子育ての安心ネットワークを

1　子ども虐待列島ニッポン

二〇〇五年六月、全国の児童相談所が扱った児童虐待の相談件数が三万件を突破したと厚生労働省は発表しました（三三一九七九件、二〇〇四年度。一日あたり九〇件以上）。これは、児童虐待が社会問題化しデータをとりはじめた一九九〇年度（一一〇一件）の実に三十倍にあたります（図参照）。

こうした増加の背景には、二〇〇〇年に成立し〇四年に改正された児童虐待防止法の

図　児童相談所における児童虐待相談件数

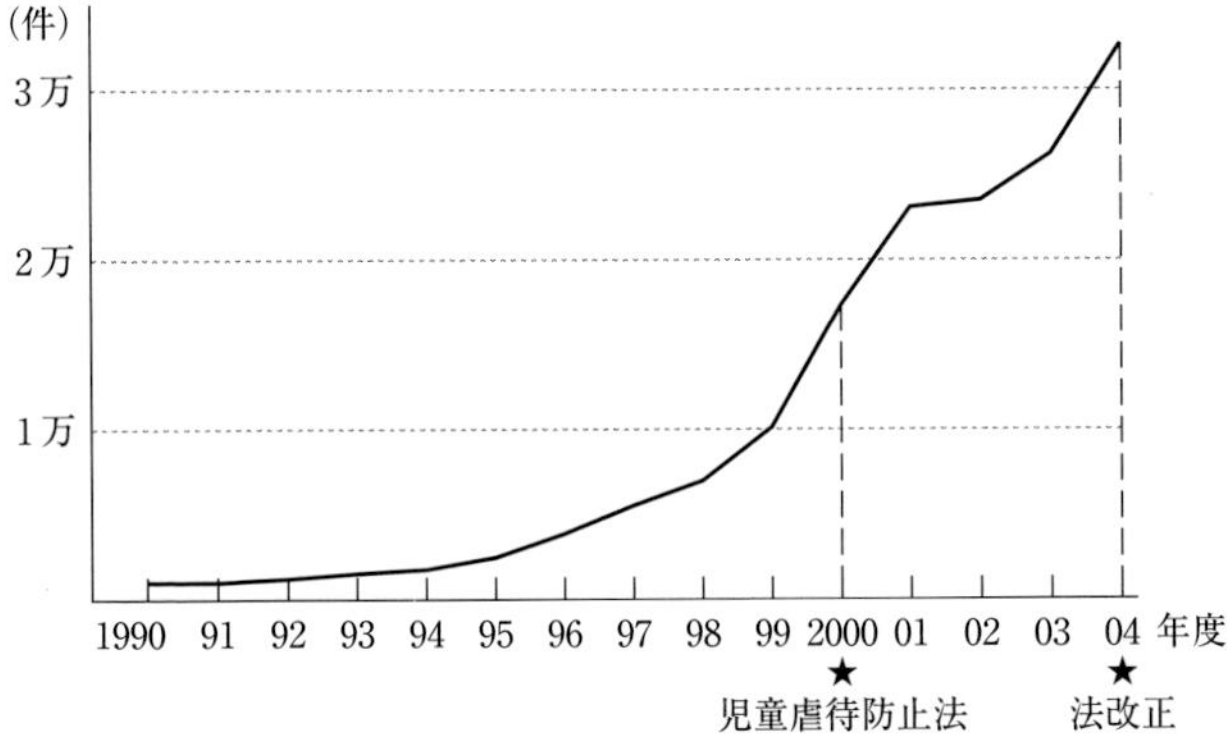

（出所）日本子どもを守る会編『子ども白書2005』の資料（厚生労働省福祉行政報告例にもとづく）などから作成。

「効果」や、二〇〇四年一月に中三の男の子が餓死寸前で保護された大阪府岸和田市の事件などによる「関心の高まり」があると、マスコミは報じました。虐待に対する社会的取り組みの進展にもよるとはいえ、この数の多さは異常です。さきのデータは、あくまでも児童相談所にあがってきた公的な数値であり、実際にはその数十倍は存在するのではないでしょうか。

　虐待事件がいかに多いか――。二〇〇六年二月の半ば、講演の準備のためにインターネットを検索した私は愕然《がくぜん》としました。わずか一週間で七件ものニュースが目に飛び込んできたからです。三歳男児が両親に殴られ死亡（群馬県渋川市）、三歳男児が母親に放置され栄養失調で死亡（香川県高松市）、三歳男児と一歳女児の兄妹を母親が絞殺（三重県東員町）、漫画喫茶に赤ちゃん遺棄され死亡（東京都江東区）、内縁の妻の十歳男児の顔を殴る（埼玉県川口市）、同居男の暴行で十歳男児死亡（兵庫県姫路市）、母親に殴られ四歳男児重傷（大阪市）…。非常事態にある児童虐待のひろがり――介護の場での高齢者に対する虐待もまた問題になっていますが―を、あらためて思い知らされました。

同じころ、NPO「子どもの虐待防止ネットワークあいち」は、子どもの虐待死が法施行後も歯止めが利かず、二〇〇四年までの十年間に一、二〇〇人を超えていたとの調査結果を発表しています。この数には、（通常、虐待のカテゴリーに入れない）「無理心中」が四五％も含まれていました。考えてみれば、親子心中は〝究極の虐待〟といえるかも知れません。これまたインターネットで検索したとき、わずか一か月に八件もの無理心中事件にヒットし、その感を強くしました。

二〇〇四年の改正児童虐待防止法では、通告義務の範囲を「虐待を受けたと思われる」子どもにまでひろげたほか、児童虐待を明確に「人権侵害」と規定したこと、心理的虐待のなかにたとえば母親がDV（ドメスティック・バイオレンス）を受けているのを目撃した場合の子どもの心理的外傷も加えたこと、（未成年の子は「服す」べきという民法上の）父母の「親権」が制限されること、家族支援や親子の再統合の方向性を打ち出したことなど、問題の本質と実情をふまえた一定の前進がありました。しかし、日本が一九九四年に批准した「子どもの権利条約」の立場からすると、子どもを権利の行使主体とみる子ども観の未確立や、子どもの人権侵害を監視し解決するための権限ある独立した第三者機関（オンブズパーソン）の未設置など、まだまだ多くの理論的・実践的課題があると指摘せざるをえません。この問題は、本書Ⅲであらためて取り上げます。

数年前、私も参加した児童虐待シンポジウムで、ある児童相談所長は問題解決の決め手として「ケースワーク」「チームワーク」「ネットワーク」「フットワーク」をあげました。いわば個別的・集団的・組織的で迅速な対応が必要だという、方法論におけるこの原則が実際に生かされれば、事件の大半は未然に防げるのではないでしょうか。

2　子育て危機のすそ野

問題にされた児童虐待は、まだ氷山の一角です。〝いつでも、どこでも、誰にでも起こる〟というわけではありませんが、他の少年事件などと同様、三つ四つの悪条件がそろえばスポンと突き抜けて〝順番に〟起きてしまう……というイメージで私はとらえています。

また統計上、虐待する大人の大半は母親ですが、それは子育てが母親にまかされている偏りのゆえであって、けっして〝オニのような母親〟が増えているからではないのです。しかし、若い母親たちの交流会や子育て相談では、虐待をしそうなストレスや疲労、怖さや不安が彼女たちから口々に語られることが少なくありません。

たとえば、四歳児と乳児のいる一人の母親は「会社員の夫は仕事が忙しく、もう何週間も休んでいません。長男が突然夜中に泣き出したり、吃音《きつおん》（どもり）が出始めて、心配です。疲れきって寝ている夫を起こして相談してよいものでしょうか」と、私に答えを求めるのです。また別の母親は、すがるようにこう訴えました――「夫は出張が月に半分もあり、家にいるときはいつも疲れていて、たまに子どもを遊びに連れ出しても、一五分ともちません。子ども二人の泣き声や私の叫ぶ声が聞きたくないと、自室にこもります。先日、台所から呼んでも返事がないので、おかしいなと思ってその部屋に行くと、なんと夫は耳栓をしていたのです。もう、びっくりするやら、頭にくるやら……。これって、あんまりだと思いませんか。子どもをもったことだけでなく、結婚したことさえ後悔しそうです」。

これらはほんの一例です。手のかかる子どもを前に、気がつけば子どもにコップの牛乳をかけたりたたいてしまったりして、「自分は悪い虐待母だ」と、自責の念にさいなまされたり〝うつ〟になる人もいます。完璧な親やしつけをめざすあまり異様に叱りすぎたり、他の子どもが近づくだけで、「うちの子に何をするの！」と過剰に反応するという話も聞きました。

こうした子育て不安の要因・背景の一つに、家庭生活や子育てを犠牲にしてやまない長時間労働・働きすぎ社会があるのは間違いありません。しかし、父親を責めるだけでは解決しません。彼らもまた深いところで傷ついており、この社会の犠牲者なのではないでしょうか。せっかくもった家庭や子育てにかかわれないというのは、彼ら自身にとっての権利侵害です。

国の社会保障費のなかでも、高齢者対策にくらべてケタ違いに少ない子育て・少子化対策費を抜本的に増やすべき経済問題が横たわっていますが、ここではふれません。子育て困難に直面しているのは圧倒的に若い母親たちであり、その社会的支援は待ったなしです。

3　子育てと仕事の両立こそ

家事・育児が母親に寄りかかり過ぎている現状の矛盾を、子どもの目からみつめた詩が目にとまりました。（江口季好編著『えんぴつでおしゃべり――子どもの詩』あゆみ出版、二〇〇〇年）

おかあさんのびょうき

熊本市立東町小学校　二年　川端　源

おとといから
おかあさんが
びょうきになりました。
ぼくは、おかゆをつくりました。
おねえちゃんは、

りんごジュースを
つくりました。
おとうさんは、
じぶんのたばこを
かいにいきました。

お父さんを責めるわけでもなく、「あれ？何か変だぞ」と見たままを描写しているところが、かえっておもしろさ（おそろしさ？）を引き立てています。

休むひまもない

高知県西土佐村津野川小学校　四年　新玉　彩

お母さんは
しごとからかえったら、
すいじする。

ごはんを食べたあと、
あらいやけ《（しょっきあらい）》
それから、
まこととみきねえちゃんの
べんきょうを見る。
お父さんは、
おみせで、
ビールをのむ。
いえにかえってきて、また
ビールをのむ。
お母さんは、
お父さんのせわをする。
私は、お母さんみたいに
なりたくない。

これも最後の二行が鋭いですね。お母さんは尊敬するけど、「それはないんじゃない?」。アルコール依存症などでは、立ち直らせようとする人が世話をやけばやくほど、二人ともハマって抜け出られなくなるという関係を「共依存」と呼ぶそうですが、彩ちゃんはあたかも「私は、そんな共依存の連鎖を断ち切るぞ」と宣言しているかのようです。

〈オトコの子育て〉については、作家鈴木光司さんらの体験をとおしていくらか知られるようになってきましたが、日本社会全体では〝認知〟されるには至っていません。その意味では、いまだわずかであっても父親の育児休業体験は貴重な発信源といえるでしょう。

宮崎市内の高校教師吉村仁《さとし》さん(私の教え子)は、数年前、生後六か月の次男の子育てで育休をとりました。初めは「疲れるけどいいもんだなあ」と満足していた彼も、「毎日が同じことの繰り返し」で、「家族以外の人との会話はスーパーのレジのおばちゃんとだけ」という生活に、だんだんストレスがたまっていきます。人恋しさと変化ほしさから、宅配便のトラックのエンジン音にまで聞き耳をたてるようになりました。同じ時期、ニュースで母親がわが子を虐待死させる事件を目にして「なんてひどい母親だ」と憤慨するのですが、あとで気づきます――「自分もイライラして子どもにあたったことがあるじゃないか」「ゾッとしました。自分も同じことをしていた(今後する)かもしれない」と。

吉村さんは育休のご利益《りやく》を四点あげています。その一つは、会社などの仕事と違って「誰からも評価されない」という子育ての特性に気づいたこと。二つ目は、子どもの声をじかに聞くことで、今まで以上に三人のわが子をいとおしく思えるようになったこと。三つ目は、高校生たちを、それまでの育ちに思いをはせ余裕をもって見つめられるようになったこと。四つ目に、炊事・洗濯・掃除を「やらないと気が済まなくなった」ことだそうです（熊本子育て交流会編『くまもとの子育て２００３』）。

三十年前（一九七五年）、デンマークでは合計特殊出生率が日本と同じく二・〇〇近くありました。一九八三年に一・三七まで落ち込むものの、その後は増加に転じ、九〇年代半ばから一・八〇前後で安定的に推移しています。これは、女性の就労を高め男性の家事・育児参加を促進してきた国民的運動と政策の成功の結果だといわれています。

二〇〇四年九月に放映されたＮＨＫスペシャル「六三億人の地図⑦――出生率」では、このデンマークの秘密に迫っていました。そのなかで、「女性が社会で働くということは、あなたにとってどんな意味があると思うか」という日本人アナウンサーのインタビューに、三〇代の女性管理職は「ずいぶん奇妙な質問ですね」と苦笑いし、「子どもも仕事も私には大事です」ときっぱり答えたのです。家事・育児にいそしむ夫もまた、「この国では、妻が台所に立っているのに、夫がソファーに座ってテレビを見ているなどということは絶対にありません」と断言するのでした。この三十年間に開いた日本との格差は歴然です。放送直後、別の現地報告が新聞に載りましたが、「父親参加で出生率上昇」「『男女共同参画』は社会にしっかりと浸透している」と紹介されたその内容は、テレビ番組にまったく符合するものでした（福岡市男女共同参画推進センター「アミカス」の市民調査団の同行取材。「男女共同参画社会―先進地デンマークからの報告」、『西日本新聞』二〇〇四年一〇月七日）。

男女雇用機会均等法（一九八六年施行）がつくられてから、あからさまな女性差別はできなくなりましたが、現在でも全国転勤が可能かどうかを要件にした「総合職」「一般職」の振り分けなど、いわゆる「間接差別」が残っています。二〇〇六年の均等法改正にあたって、財界・企業側はこの間接差別の禁止に反対しています。また、義務づけられた子育て支援の「行動計画」を大企業の大半が公表せず、日本経団連は「計画は企業内で周知されていればいい」と消極的な態度です（『朝日新聞』二〇〇六年三月二十二日）。

国の「第二次男女共同参画社会基本計画」は、二〇一四年度までに男性の育児休業取得率を〇・五六％（〇四年度）から一〇％に（女性は七〇・六％から八〇％に）増やす目標を立てましたが、現状と目標値のケタ違いの落差もさることながら、企業社会がこんな後ろ向きの姿勢では達成はおぼつかないと言わざるをえません。

ヤンパパに　意外に似合う　おんぶひも
少子化は　女性の静かな　反乱です
（女性グループネットワーク八代制作『ジェンダー川柳』二〇〇四年一月）

4　地域から子育ての安心ネットを

二〇〇三年に「次世代育成支援対策推進法」と「少子化社会対策基本法」が相次いで成立して以降、国・自治体をあげて「児童虐待防止」や「子育て支援」、「子育てネットワーク」づくりが叫ばれ推進されています。ご存知のように、こうした動きの起点の一つは一九八九年の「一・五七ショック」（合計特殊出生率が一九六六年の「ひのえうま」を下回った）によって少子化が社会問題となったことであり、その後、国は「エンゼルプラン」「新エンゼルプラン」「少子化対策プラスワン」と対策を打ち出しました。それらの〝仕上げ〟が二〇〇三年の二法ですが、少子化に歯止めはかからず事態はむしろ深刻化しています。

子どもと子育て・教育の危機に直面して、むしろ民間の運動のほうが早くから子育ての支えあいに取り組んできました。私のかかわりでいうと、「少年少女組織を育てる全国センター」は八〇年代、地域に子どもの生活と仲間を育てる運動は親たちの「子育ての共同の取り組み」でもあるとおさえていましたし、「熊本子育て教育文化運動交流会」は、子どもの権利条約批准を求める国民的運動を背に、一九九一年、「不安と孤独の子育てから、安心と共同の子育てへ」の転換を図る十数グループの「子育て安心ネットワーク」として発足しています。全国的には大阪の「貝塚子育てネットワークの会」などが、さらに早い段階で誕生しています（八八年）。

今日の子育て「支援」「ネットワーク」の現状には、（個別にはすぐれた実践があるとしても）全体としては少なからぬ問題を感じることがあります。紙幅の制約から深くは立ち入れませんが、民間の運動の教訓をふまえ、また国・県・市町村の子育て支援の計画や事業にかかわった私自身の若干の経験から、大事にすべき視点を十項目にわたって列挙してみましょう。

①子育て困難を「親のせい」や「家庭の自己責任」にしない

二〇〇三年に長崎市内で起きた幼児殺害事件のあと、某大臣が加害者の親を「市中引き回しのうえ打ち首に」と発言して批判を浴びましたが、すべてを親の責任に還元するのであれば子育て支援は根拠を失います。

しかし、たとえば最近（二〇〇六年三月二四日）に成立した「奈良県少年補導条例」は「深夜徘徊」のみならず男女交際・不登校をも「不良行為」とみなし監視と取り締まりの対象とするもので、子どもの権利条約はもちろん、児童福祉法や少年法の精神にも反します。子育て支援と相いれない警察一体型の「非行防止ネットワーク」はすでにあちこちにできており、奈良県条例の影響が懸念されます。

②あくまでも当事者主体で

母親たちは、けっして無力ではありません。彼女らが本来もっている「エンパワーメント」（自信＋能力＋可能性）を引き出すための、側面からのサポートが必要です。〝支援する人／される人〟といった単純な二分法が危険であることも強調しておきたいと思います。

③ 子ども支援・家族支援までひろげる

児童虐待の危機的状況からしても、まずは母親に対する支援からはじめることは当然ですが、中期的・長期的な戦略からするとそれにとどまってはいけません。何度も指摘したとおり、女性や子どもの権利の視点を原理に組み込み差別構造を転換することが基本テーマなのですから。

④ 自主的・自治的な取り組みをバックアップする

主任児童委員などを中心に、子育てサークルを組織し世話する実践がひろがっているようです。しかし、さきほどの②や③の視点をあいまいにして、母親たちの頭越しにあれこれやってしまっては台なしになります。サークル自体は意欲も運営能力ももち、母親たちが切実に求めているのは会場の確保や会場費の補助などの条件整備なのに、支援の側がそれに気づかないミスマッチの例が見受けられます。

⑤　思春期・青年期まで見通して

支援が乳幼児期に集中していることには、現実的根拠があります。しかし、今日の子育てにまつわる不安・困難・危機がそこにとどまるものでないことも明らかです。不登校やひきこもり、受験競争や進路問題なども視野に入れた長いスパンでの取り組みが欠かせません。

⑥　教育・文化も課題に

⑤をタテの課題とすると、これはヨコの課題です。教育があたかも〝聖域〟〝治外法権〟のように子育て支援の計画・実践から外されていることがままあります。たしかに、乳幼児期の子育てと異なり、小学校から中学校・高校にいたる学校と教育には多くの対立する論点や政治的背景が存在し〝扱いにくい〟のかもしれませんが、「教育における支援とは何か」を避けることはできないはずです。

同様に、子どもたちを日常的に巻き込んでいる携帯電話やインターネットを含む文化の今日的問題も、検討しないわけにはいきません。

⑦　**緊急課題と土台づくりの〝二刀流〟で**

虐待などに対応する子どもの生命にかかわる緊急課題と、予防的・中長期的・本来的に子育て環境をよくする課題とは分けて考えるべきで、一方を他方で代替することはできません。

⑧　**子育てはみんなで、ゆっくり、ていねいに**

行政主導で虐待防止・子育ての「ネットワーク」を各地域にひろげて行こうとする場合など、組織のかたちや成果にとらわれたり、他地域と比較・競争する傾向が見られることがあります。そうした流れに陥ることなく、住民の協力をじっくり引き出し手間ひまをかけてこそ、あたたかい〈文化としての子育て〉を根づかせることができるでしょう。

⑨　**昔の子育てを見直そう**

かつて、子どもたちは家庭だけでは育たなかった――。子育ては民衆の歴史に根ざした営為であり、とりわけ〈地域〉の意味と役割が思い起こされるべきです。

このテーマは、本書Ⅳで具体的に取り上げます。父母との共同を核に子育てのよりどころを確立しようとする保育運動のなかからは、「遠くの親戚より近くの保育園」「実家のような保育園」といった名コピーも生まれています。

　ネーミングで新しさをアピールする「木に竹をついだ」ような取り組みがあることを危惧し警鐘を鳴らすため、私は、半世紀前の西部劇映画をもじって「（子育て）シェーン、カムバック！」——「昔の子育てに学べ」と叫ぶことがあります。

⑩　子育てはまちづくり

　まちから子どもの声（笑い声、泣き声、遊ぶ声、ケンカする声…）が聞こえなくなって久しいと思いませんか。それは地域（まち）のにぎわいのシンボルでした。少子化や過疎・市町村合併によって、学校や保育園も次々と消えています。路地から子どもたちを放逐した国土開発とクルマ社会の責任も、あらためて問われるべきではないでしょうか。子どもも市民であり地域住民です。そうした子ども観に立った〈子ども参加のまちづくり〉が、一日も早く二一世紀の常識となることを願わずにはいられません。

2　それでもやっぱり、子育ては楽しい

1　母親アンケートにみる子育て事情と支援の課題

幼い子どもたちが犠牲となる痛ましい事件が相次いでいます。児童虐待の実態は想像以上です。私の住む熊本県内では一八歳の若い母親が「ミルクをあげようとしても泣きやまなかったのでイライラして」三か月の赤ちゃんに手をかけてしまいました（二〇〇〇年）。

私たちは、一九九八年暮れから翌年にかけて、熊本市内のある保健福祉センターに一歳半と三歳児の検診に訪れた母親たちを対象に、「幼児の生活と子育てに関する調査」を行

いました。調査母体は「熊本子どもと文化フォーラム」で、発達カウンセラーの須藤真理子さんと共同で分析したものです。のべ十三回の調査をとおして、一歳半・三歳児の母親（ほとんど二〇歳代〜三〇歳代）がそれぞれ一五二人、一一四人と、計二六六人分のデータが得られました。その場で回答してもらえる全二〇問のアンケートです。

行政によって子育て支援や少子化対策が推進されるなかでもなお、家庭・地域における幼児と子育ての実態を深くつかみ、あらためて子育て支援の課題を明らかにしたいとの思いからの調査でしたが、意外性を含むいくつかの発見と再発見がありました。ここではその結果のポイントを五点にしぼってご紹介したいと思います。調査から時間がたちましたが、基本的な状況は今日もまだ続いていると思われるからです。

2　それでもやっぱり、子育ては楽しい

その第一は、子育ては「難しい」（一歳半・三歳が各四四％、五五％）けれども「楽しい」（同六四％、四六％）、「自分の成長につながる」（同四三％、五四％）と、プラスのイメージでとらえている母親が多かったことです（**図1**）。意外にも、「きつい」「不安」「重荷」「孤

独」は少数でした。

核家族（本調査では八五%）、母親一人での〃不安と孤独の子育て〃が結果的に色濃く出るだろうという私たちの予測は裏切られ、「そうだ、子育てとは、今も昔も本来楽しいことなのだ」とあらためて教えられました。

子育てに喜びを感じる源泉は子どもの「成長」や「笑顔」でしたが、これもまた普遍的

図１　子育てはどんなもの？

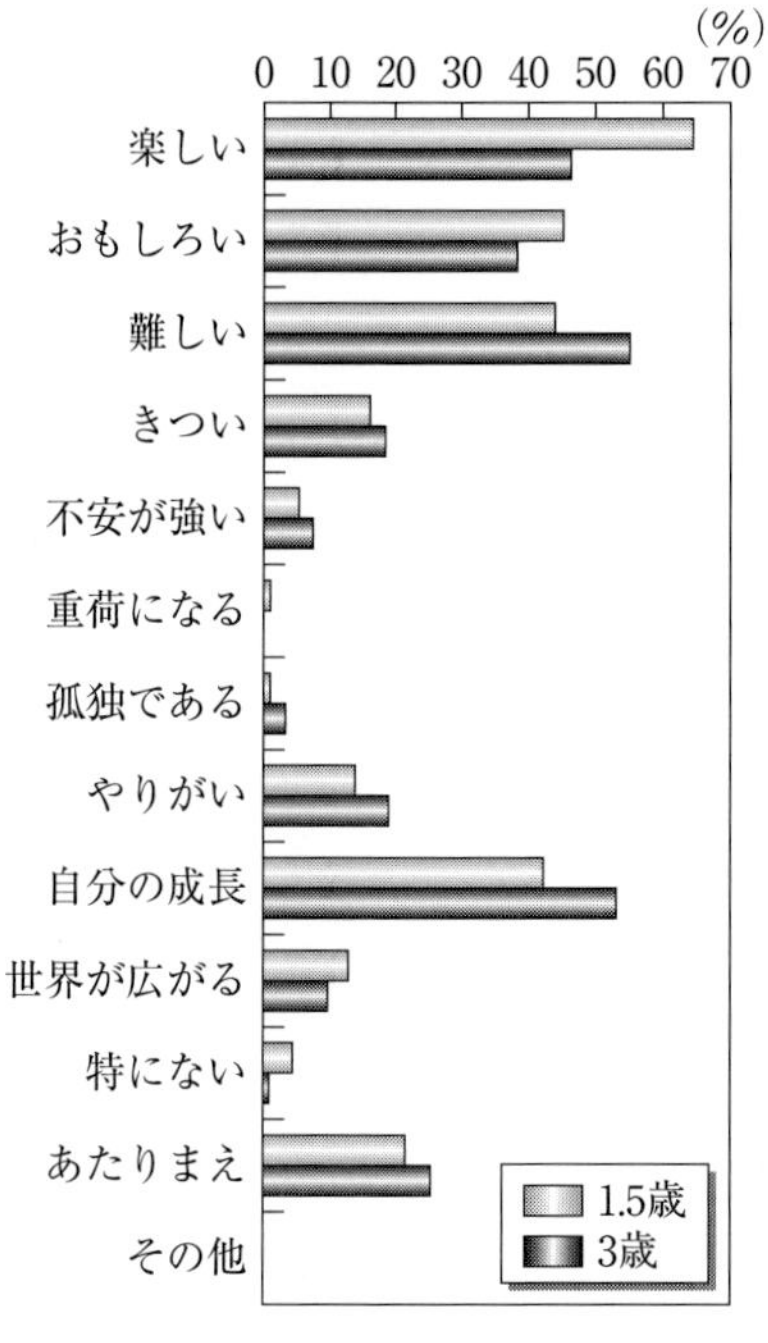

なものでしょう。しかし、この予想外の結果にこそ、救いと希望があるのです。「楽しい」「おもしろい」は一歳半で顕著ですが、三歳になるとそれらは減り、逆に「難しい」「自分の成長」が増える傾向にもご注目ください。

子どもが大きくなるにつれ、育児の困難さとともに、手応え・奥行きも深まるということでしょうか。

3　母親一人では、だんだんきつくなる

第二に、とはいえ、母親一人ではだんだんきつくなるのも事実です。

一歳半の段階では「(子どもか自分が) 病気のとき」(どちらも一六%) や「ぐずる」(一四%)、「夜泣き」(九%) につらい思いをすることが多いのですが、三歳になると「自分の時間がない」(一八%)、「子どもが言うことをきかない」(一七%) が急増します (図2)。

別の項目でも「子どもと遊んだり相手をすること」が「できる」と答えた母親は、一歳半八二%から三歳六五%へと一七ポイントも減少し、その分「できない」「したいが余裕がない」を合わせた数は一八%から三四%にほぼ倍増していました。

こうした母親たちの余裕のなさは、専業主婦であるかないかにかかわらず――働いている母親は一歳半で一八％、三歳で四八％――、言うことをきかなくなり活動的になるわが子の発達に、だんだん一人では応じきれなくなり、無理とストレス・疲労が積もるという事情を想像させます。

図２　子育てがつらいと感じるのはどんなとき？

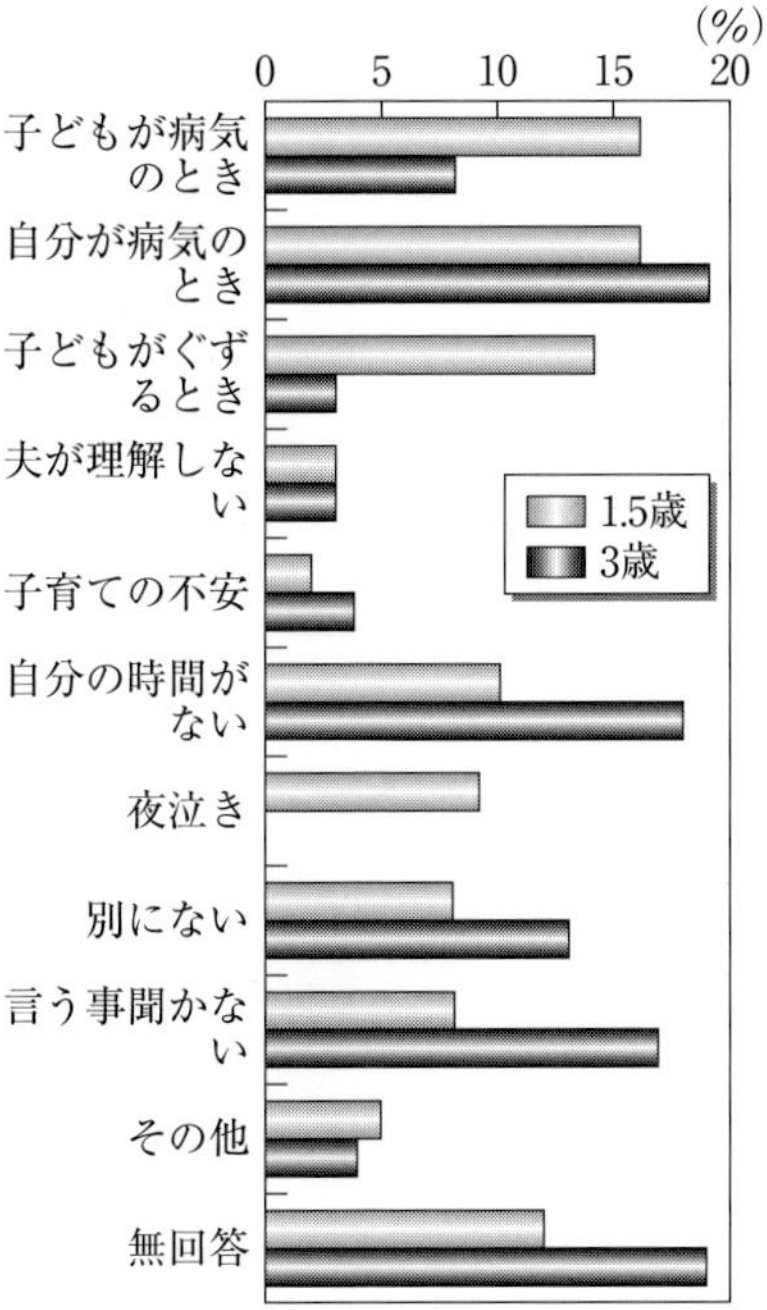

図３　夫の家事・育児参加に満足している？

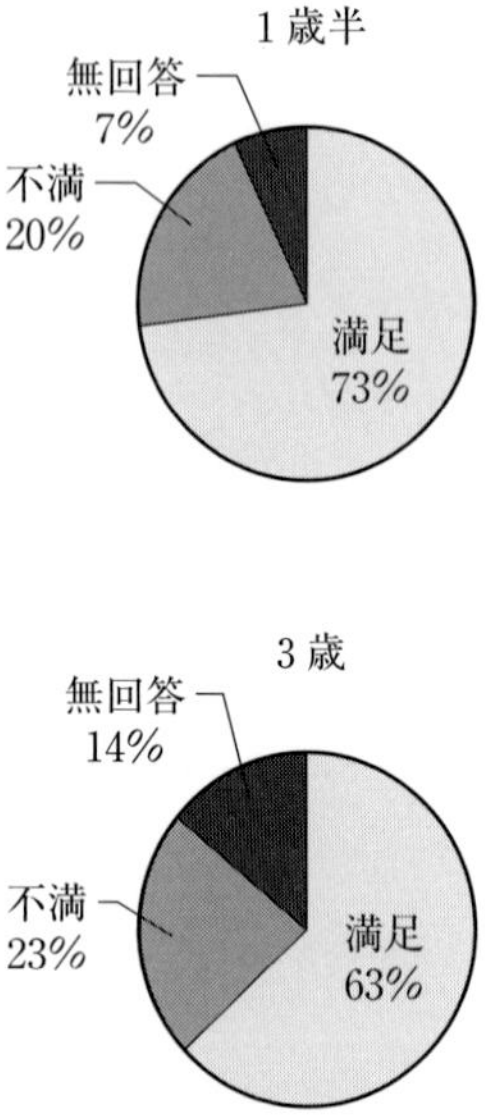

４　子育てのパートナー（夫）への期待は高い

そうしたとき、いちばん頼りになるのは子育てのパートナーとしての夫です。一歳半・三歳合わせて六七％の母親が、相談相手として「夫」をあげています。

しかし、夫の家事・育児参加をどうとらえているかをたずねると七割近く（六九％）が「満足」と回答しているものの、一歳半から三歳の間に一〇ポイントも下がり、無回答が倍増しているのが気にかかります（**図３**）。

子どもとのコミュニケーションの中身は、母親が「だっこやおんぶ」「歌ってあげる」

「おもちゃ・ごっこ遊び」「読み聞かせ」などであるのに対し、父親は「お風呂」「レジャーランド」だけが突出し、結果として〝性別役割分業〟がうかがえました。

さきほどの夫への満足度の減少、無回答の増加は、家事・育児がそうした分業では補えないほどの質と量をもっていることを物語っているように思えます。

自由記述欄には、「仕事一点張り」「時間はあっても家ではすべて妻まかせ」の夫への（社会への？）恨めしさがにじんでいました。

5　心配な友だち・テレビとのつきあい

「お子さんには、いつも遊ぶ仲よしの友だちが近所にいますか？」の問いへの回答は**図4**のようでした。結果は二人に一人が「いない」。そして一歳半と三歳でほとんど変化がないのです（一歳半の八％、三歳の四〇％が保育園に通っています。このこととの関連は、今回調べることができませんでした）。

テレビ視聴時間についても聞きました。「二〜三時間」が最も多い（一歳半四五％、三歳五二％）のですが、驚いたのは「四〜五時間」と「つけっぱなし」を合わせた数が一歳半二

図4　近所に仲よしはいる？

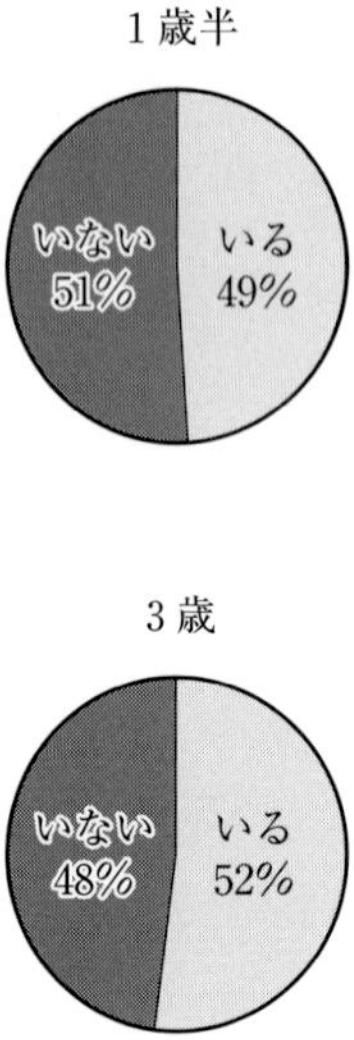

〇%——五人に一人——、三歳二六%——四人に一人——にのぼることです。想像以上に長時間、テレビを見ている子どもが多いことがわかりました。
この、友だち・テレビづきあいの現状は、やはり今日の子どもの生活と、子育て環境・人間関係の狭さ・孤立ぶりを象徴しているといえるのではないでしょうか。

6　子育て支援をもっと身近に
——安心して使える施設をもっとたくさん！

児童館と子育て支援センターについては、それぞれ三割超、六割超がいまだ「知らない」という回答でした。母親たちを引き寄せるための行政・施設側の課題はどこにあるのでしょうか。
ポイントは、まず子育てサービス情報をもっと〈わかりやすく〉〈手近に〉届けることです。日々子育てと格闘し、「外との交流が少ない」「紙面をじっくり読むひまもない」彼女たちは、〝このサービス・施設はあなたも使えますよ〟〝子育ては一人で抱え込まなくていいんですよ〟という、心強いメッセージを求めているのです。

図5　どんな支援を望む？

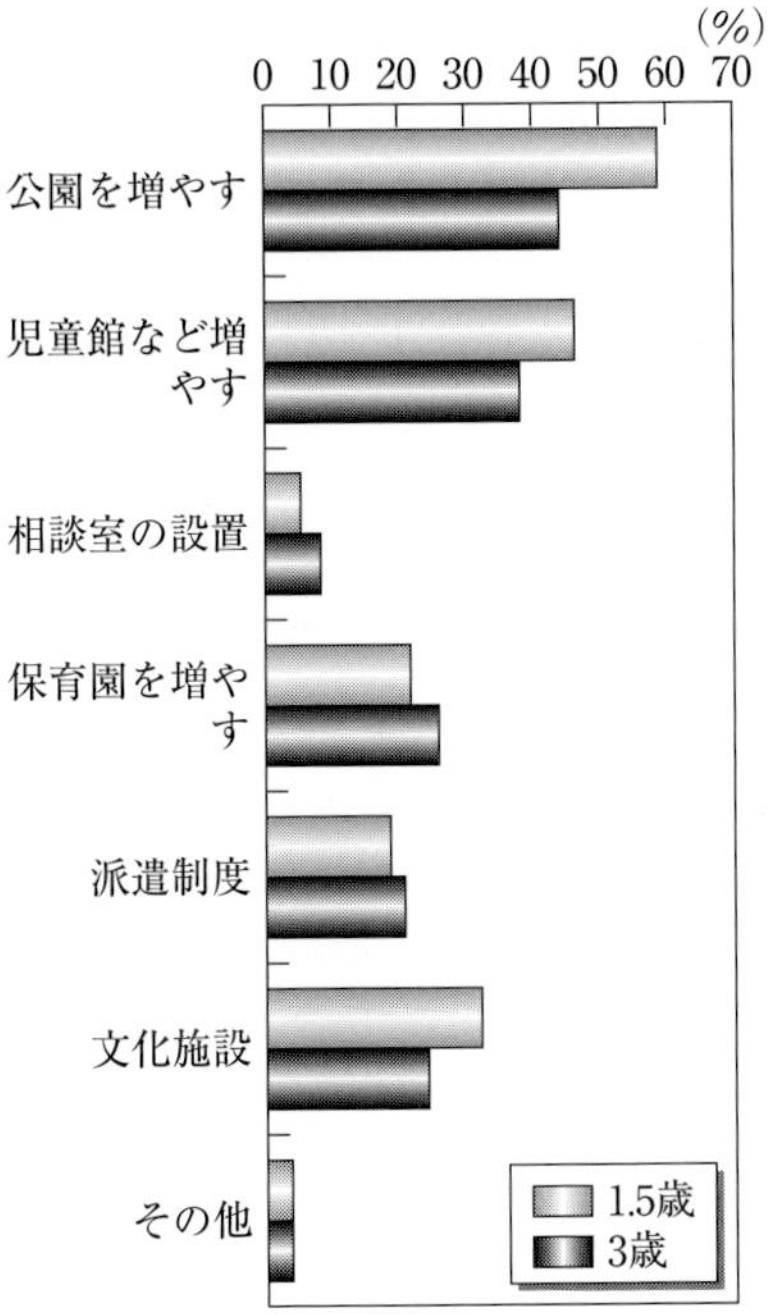

何よりも、安心して使える施設の数が決定的に不足しています。支援センターも、ゲタばきで行ける地域・生活圏にあってほんものになるのではないでしょうか。

母親たちの望む子育て支援は、当然ながら支援センターにとどまることなく、切実（待ったなし）かつ多面的です（**図5**）。

自由記述欄には「子連れにやさしい環境づくりを」「母親の仲間づくりに助成を」「安心して預けられる保育園・幼稚園を」「三歳以下でも利用できる児童館をもっと」「医療費無料化の年齢引き上げを」などの声があふれていました。

全体として、子育ての喜びを出発点から失っているわけではない母親たちも、日常的な不安やストレスと隣り合わせであり、豊かな子育てが実現するためには、地域での仲間づくりやネットワーク、男女共生を軸とした社会的サポートや専門的ケアが不可欠だという課題がいっそう明らかになりました。

3 やれば楽しいＰＴＡ
――ＰＴＡが広げる安心の子育て・教育とは

新しい学級や担任が決まる新学期は、子どもだけでなく親にとっても、うれしさと不安が入りまじった落ち着かない季節です。新入生の場合は、なおさらでしょう。

今、いじめ・不登校・荒れ・非行など、子育ての悩みと困難は深まる一方です。ますます広がる進学競争や高校中退問題とも相まって、小学校入学段階から「学校はこわい」「落ちこぼれが心配」といった不安が、子どもと父母をとらえています。

安心してわが子を学校にやるには、どうしたらいいでしょうか。そのためのひとつの保証となるのがＰＴＡです。親たちがバラバラで孤立していては、子どもを守れません。万事先生まかせでも同様です。

もともと子どものためにあるＰＴＡですが、同時に親たちの世界を広げてくれる〝御利《ごり》益《やく》〟も忘れてはなりません。ここでは、私自身が学級委員・広報委員長・会長の経験（いずれも小学校）から学んだことも交えながら、ＰＴＡの楽しさの可能性をさぐってみたいと思います。読み終えて、「いっちょ、やってみようかな」という気になっていただけたら、うれしいです。

1　ＰＴＡってなんだ

ＰＴＡと聞いて、みなさんは何を連想しますか？　バザー・ベルマーク集め・バレーボール大会・学級懇談会、それとも交通指導やあいさつ運動などの多忙な行事でしょうか。先生に何かとうるさく注文をつける〝母親たちの圧力団体〟という、いささかマンガ的イメージも、なぜか残っていますね。反対に、学校と一体化した〝翼賛組織〟と決めつけられる場合もあるようです。

それらは、今日のＰＴＡがかかえる問題を反映しているとはいえ、現象的すぎたり一面化・誇大化されていたりで、真の姿を伝えていません。ＰＴＡが戦後、〈子どもの幸せ〉

のため、〈教育の民主化〉をめざし、〈父母と教師の共同〉を築く公共的かつ自主的組織として生まれた〝そもそも〟論に立ち返り、これを本来像に近づけることはまだまだ可能だし、そのための個性的な実践が日々積み上げられています。

父母の学校参加と教育権実現の道をさぐるとき、PTAは「不要」どころか、一定の条件のもとでは、方法の一つとして重要であり続けるのではないでしょうか。

PTAとは何かについて、私はさしあたり次の五点を、新入生の親御《おやご》さんたちに銘記していただければと思います。〝先輩〟のみなさんはチェック・リストとしてご活用くださ い。

（1）　PTAはわが子のことで学校に声を届ける（意見表明できる）だいじなパイプだということです。いじめや不登校をはじめ心配事があるとき、ひとり（家族で）で抱え込まず、先生に相談するとともに、思いきって学級PTAで語ってみましょう。

今という不安の時代、子育てにおいても順風満帆という人はいません。また、いろんなトラブルに巻き込まれたり、問題を起こすのが子どもというものです。愚痴やうわさ話に流されず、〝親バカもお互いさま〟とオープンに、風通しのいい関係をつくりませんか。

（2）　冒頭で述べたように、ＰＴＡは子どもを守る安心の保証です。親はわが子を学校に無条件にあずけているわけではありません。先生に全面委託することは、親の「第一次的養育責任」（子どもの権利条約第一八条）――私の言葉では親の「子育て主権」――の放棄です。したがって、巷間《こうかん》いわれる〝子ども人質〟論はまちがいです。

もちろん教師と父母のあいだには依然「社会的断層」があり（『現代教育学事典』労働旬報社、一九八八年。「ＰＴＡ」の項――執筆・山住正己）、ＰＴＡで両者はいくら対等だといっても、父母にとって先生はやはり〝こわい〟存在です。でも、かわいい子どものためなら、少々言いにくいことでも、勇気を出して言うべきではありませんか？

実際、今日の学校は「新学力観」に基づく指導のあり方にしろ、学校五日制によるカリキュラムへのしわ寄せにしろ、疑問だらけです。子どもたちは、低学年からストレスと疲労をため込んでいます。わが子の声によく耳を傾け、先生に率直な質問を投げかけることが必要です。

（3）　父母と教師の共同を築く場としてのＰＴＡです。これがなかなかむずかしい課題であるのは、たった今ふれました。しかし、子どもが真ん中にいること、弱さも悩みももった同じ人間だということさえ見失わなければ、共感と信頼はきっと生まれます。

（４）子育てネットワークとしてのＰＴＡの意義です。通常、ＰＴＡは網羅的な組織で、いわゆる有志の会とは異なります。思想・信条の違いはもとより、生活スタイルから教育観にいたるまで多様性が前提です。ですから、ゆるやかな性格にふさわしく、無理のないていねいな進め方がとてもだいじになります。ＰＴＡ離れが生まれるのは、しばしばこの特質を無視して、押しつけがましく上意下達の運営をするケースがあるからではないでしょうか。

クラス茶話会など、成功の秘訣《ひけつ》は、「気軽にどうぞ。お仕事の関係で遅れてもＯＫ。幼児連れも歓迎」と、行きたくなるように呼びかけることです。欠席者にペナルティを科したりするのは、得策ではありません。ゆるやかな組織だからこそ、学級ＰＴＡや地域ＰＴＡを基盤に、支えあう安心の関係を広げたいものです。

（５）ＰＴＡでの交流と学習の力です。いろいろ申し上げましたが、わが子のためとはいうものの、義務感だけでは窮屈で長続きもしません。自分自身が楽しく、成長できなくては――。

ＰＴＡ活動をとおして顔見知りが増えること、子育てや教育について交流し学びあうことが、親たちを元気にしてくれます。

2 子ども・父母の〈ねがい〉が原点

私が熊本市内のＱ小学校（児童数約五〇〇人）の広報委員長をしていた一九九六年一月、ＰＴＡで子育てアンケートに取り組みました。

調査のねらいは、同小学校の子どもたちの生活実態（家庭・地域・学校）を明らかにし、これについての子どもと親それぞれの意識や願い（要求）をつかむことによって、ＰＴＡ活動に役立てるためでした。

子ども用と保護者用の二種類でしたが、八〇％を超える回収率や自由記述の多さは、ＰＴＡへの高い関心をうかがわせました。一般的に今のＰＴＡを「停滞している」と決めつける人がいますが、それは当たりません。会員への基本的信頼と多様な意見を前提としたアプローチがものをいうのです。

さて、ご参考までに、その結果のほんの一部をご紹介します。読者のみなさんの学校・ＰＴＡでも試みられたら、ぜひ比較検討していただきたいところです。

まず、遊び・手伝い・おけいこごとなどの実態は、子どもの生活がいかに狭く、また忙しいかをあらためて印象づけました。たとえば、七割がおけいこごとに、四割が学習塾に通っています。

学校生活についても「楽しさ」「行きたくないとき」「いじめ」などの設問をとおして、状況をつかむ手がかりを得ることができました。「好きな教科」のベスト５は体育（二三％）・図工（二〇％）・生活（一六％）・国語（一四％）・算数（一四％）でした。「苦手な教科」のワースト５は、算数（三七％）・国語（二〇％）・理科（一五％）・社会（一〇％）・体育（七％）でした。算数と国語が苦手というのは全学年にわたる傾向で、考えさせられます。

親子間の意識のズレが浮き彫りになった項目もありました。学校五日制について、子どもの八割が完全実施を楽しみにしているのに対し、親の半数近くは「歓迎できない」と答えています。同様に、学校に「行きたくないことがある」子どもが四二％いるのに、それに気づいている親は半分（二二％）にとどまっていました。

調査全体を通じて、子どもも親も、生活のなかに〈ゆとり〉とコミュニケーションを切実に求めていることがわかりました。

私たちのＰＴＡでは、「子どもの権利条約」を学習したり、ＰＴＡ新聞で特集を組んだりの取り組みを重ねたのち、一九九七年秋には「子どもと大人のトーク」（座談会、約五〇

行事に追われるＰＴＡから〝考えるＰＴＡ〟への脱皮が一歩進んだと思います。

3　あなたも、まず立候補

最後に、一会員としてだけでなく、「役員」を引き受けてみることをお勧めします。もちろん、家庭や仕事の都合も度外視できませんが、本稿前段のＰＴＡの積極的役割に期待して、何か一つから始めましょう。まずは、立候補です。学校が見えてきます。『御入学！小学校なんてコワくない――お母さんのための小学校準備マニュアル』（小学校たんけん隊著、ダイヤモンド社、一九九六年）には、「ＰＴＡ役員お断りマニュアル」なるものが載っています。「手のかかるチビがおりますので」「夫と金策に駆け回っています」「実家の父が入退院を繰り返しているんです」「先月からパートを始めました」「今年はできませんが、来年は絶対にやります」「夫の転勤予定がありますので」「やりたくありません」といった「上手な断り方」が例示され、それぞれ「成功率」「周囲の反感」「必要な度胸」が★印三つまでで示されています。

経験者には思い当たる実に今風なマニュアルで笑えますが、最終的に問われるのは〈ＰＴＡと私の主体的な関係〉です。何か責任を担うことはちょっとたいへんだけど、楽しいことでもあります。「ひとり一役」の自動的割り当て制やジャンケンも苦肉の策でしょうが、自主的組織には似合いません。

ぜひここは一つ手をあげて、「私がやります。みなさん、協力してくださいね」と言いましょう。私のＰＴＡでは、数年前から学級委員長一名に対して、支える学級委員は何人でも可というシステムを採用しています。なかなかいい方法で、よく機能していますよ。『ＰＴＡの掟《おきて》――お母さんたちのコワ～イ話』（平成ＰＴＡ研究会編、光文社カッパブックス、一九九七年）が出版されたり、「フォーラムＰＴＡ」という研究会が発足したり（一九九七年十一月）と、ＰＴＡについて考え、その改革をめざす新しい波が起こっているようです。

不登校・いじめ・体罰問題などで〝ＰＴＡに救われた〟私の体験は拙著『子どもの中の力と希望――「子どもの権利条約」がつなぐ子育て・教育・文化』（ミネルヴァ書房）の中にも書きましたので、参照していただけると幸いです。

II　子育て支援とは何か

——男女の平等から考える

1　足元から男女の平等と共生を

1　なぜ今、男女の〈平等〉〈共生〉か

私と男女共生問題

この節では、子育てと深い関係のある男女の平等・共生・共同参画について私なりに論じていきます。ただ、このテーマに関して私は素人に近いということをお断りしておかなくてはなりません。人様にお話しできる資格が少しあるとすれば、次の二つのかかわりからでしょうか。

一つは、私が研究している子どもの人権・権利が女性のそれと類似も関連もしている──端的にいうと、児童虐待の向こうに女性の権利問題があるといったこと、二つ目は、熊本市男女共同参画推進懇話会の委員（起草委員長、二〇〇〇〜〇一年）と熊本市男女共同参画会議会長（二〇〇三〜〇五年）を務めたことです。

男女は平等というけれど…

ご存知のように、両性の平等は日本国憲法の第一四条（婚姻については二十四条）にうたわれています。基本的人権の問題として、戦後の民主的改革の柱の一つとされました。女性が選挙権を得たのも戦後のことです。

しかし、理念上平等が保障されても、また一定の進歩があっても、現実には社会制度や習慣・常識の中に、さまざまなかたちで差別や未権利状態が残っています。このことが国や民族を越えて課題とされ、女性の「エンパワーメント」（無力ではないことの自覚や自信）で変革しようとの声が高まったのが、一九九五年、北京で開かれた「第四回世界女性会議」でした。もちろん、そこに至るまでには、「国連婦人の一〇年」（七六〜八五年）や「女子差別撤廃条約」（七九年に国連で採択、日本は八五年に批准）など、女性たちのたゆまぬたたかいがあったわけですが。

こうした時代の風が日本に及んで成立したのが「男女共同参画社会基本法」（一九九九年）です。熊本県でも、二〇〇二年四月から「男女共同参画推進条例」が動き出しました。

まだあるの？　こんなことが

法律や条例については後に回して、足元の「？」から始めましょう。

学生からこんな話を聞いて驚きました。「うちでは、お風呂には必ず父が最初に入るのが決まりです」「洗濯物は男物と女物を分けて洗います」「親戚が集まったとき、いつも男は座っていて、動くのは女たち」。驚かない読者もいますか？

二〇〇一年の秋、若い母親グループが北九州のシンポジウムで発表したアンケート結果は、「九州男児はやっぱり亭主関白」というものでした。「子どもの教育やしつけは妻の仕事」「妻は夫をたてるべき」などの指標で〝関白度〟を累計したら、九州は二〇七ポイントでトップ。最も低い四国（一〇六）の倍近かったのです（ちなみに私は四国の出身です）。同じ頃の新聞投書欄には、「共働きなのに、家事・育児はすべて私」という女性の悩み相談があり、いろんな反響がありました。

こうした日常の問題から「男（女）らしさ」、ＤＶ（異性間の暴力）・セクハラ、男女の新しい関係についてまで、これからご一緒に考えていきましょう。

2　「女のくせに」「男だから」は生きている

何かおかしい「女のくせに」

日常の中の〝性差別〟について見てみましょう。

大学生に聞きました。「女のくせに（女だから）と言われて、くやしかったことは？」

・「女のくせによくしゃべる」って？　男・女は関係ないでしょう。「女のくせに力もちだね」と言われたことも。女に対しての固定観念をなくしてほしい。ありのままを見てほしい。

・私は三人きょうだいの真ん中です。「手伝いなさい」と言われるのはいつも私なので、「たまには兄ちゃんか〇〇（弟）に頼んでよ」と親に言うと、「あんたが女の子だから言ってるの」。そんなの関係ない！

・アルバイト先で、男のバイト生が「お前、女だから、お客さんのお茶つぎ足して来いよ」と命令してきた。私より早く気づいたのなら、自分で行けばいいのに。
・小学校で給食の時間、男の子は食べ終わったら後片づけもせず遊びに行くが、女の子は後片づけをさせられた。
・髪型を変えようと、父に「ロングとショート、どっちがいい？」と聞いたら、「女だからロングだろ」と言われた。私に似合う方を言ってほしかったな。

ちょっと笑ってしまうものから、それはあんまりだと思える話まで、いろいろ出てきます。

「男は泣くもんじゃない」？

男性の場合はどうでしょうか。

・おばあちゃんは、弟だけは洗濯物をたたまなくてよいと言っていた。弟が小学生のとき、家庭科クラブに入ったら、「男のくせに、そんなのに入らないでよ。恥ずかしい」とも。

・高校の体育の授業で、僕は剣道・柔道・ダンスの中からダンスを選択した。女子八〇人に混じって男一人でがんばったが、親からは「男のくせに情けない」と笑われた。

家庭科が男女共修になって久しいのですがね。女子柔道も珍しくなくなりました。男の子がダンスに目覚めるイギリス映画『リトル・ダンサー』、お薦めです。〝男の涙〟にまつわるエピソードも、結構ありました。

・小学生の時、犬に追いかけられ、こけて泣いていたら、父に「男なら泣くな」と言われ、泣きやんだ。

・小さい頃、大事にしていた帽子をなくして泣いていると、父に「男のくせに、いつまでも泣くんじゃない」と言われた。男だって、悲しい時は涙くらい出るんだぞ。

・彼女と映画を見に行って、感動で思わず涙がキラリ…してしまった。そしたら、彼女に「男のくせに、こんな映画で泣くな！」と言われた。この一件で、彼女とは終わった。

男が泣かなく（泣けなく）なったのは、大昔からではありません。私は、熊本県宇土市のある神社で、日露戦争に出征する兵士たちが家族との別れを惜しんで泣いている記録映像をテレビで見たことがあります。

▶男の涙…球児が泣くのはOK？

〝当たり前〟を問い直す

ここにあげた事例は、いずれも生命にかかわるような大問題ではありません。「いちいち目くじらを立てなくても」という声が聞えてきそうです。しかし、目くじらを立てるかどうかは別にして、これらが男女の平等と共生が自然となる社会づくりを妨げる、ある固定的な女性観・男性観にもとづいていることを、見過すわけにもいきません。〝常識〟や〝当たり前〟を問い直す必要があるのではないでしょうか。当事者の声に耳を傾けながら――。

3　このままでいいの？　家事・育児の女性まかせ

共働きでも七割以上が「家事は妻」！

次に、男女平等に関する「平成十二年度宇土市民意識調査」報告書（同市男女共生推進係、二〇〇一年六月まとめ）をもとに、何が問題か考えてみましょう。

まず驚いたのは、「妻が家事全般をみる」と答えた割合が、夫婦全体では六五％だったのに対し、共働き夫婦の場合には七四％にのぼるという結果です。つまり、常識に反して、仕事をもつ女性の負担がいかに大きいか、「一目瞭然」（報告書）なのです。そんな「兼業主婦」と呼ばなくてはならないような女性がかなり存在します。これを不平等と言わずして何と言えばいいのでしょうか。妻の、夫の、市民の率直な意見を是非お聞きしたいものです。

私も、一般にそうした不思議な傾向があるのは知っていましたが、今回の結果はそれを事実（データ）で突きつけてくれました。二〇〇一年、熊本県の子育て支援事業として開かれたY市での講演会で、一人の若いお母さんから私が受けた質問の切実さが、あらためて胸に迫ってきます――「今は育児休業中ですが、復帰後が心配です。共働きでも家事・育児は妻まかせという家庭は、わが家を含め多い。男女共同参画社会なんて、いつ実現するのでしょうか」。

根強い性別役割分業

続く調査結果では、家事を「まったくしない」男性が三四％おり、「三〇分未満」と合わせると六七％にも及びます（しかもその比率は平成八年調査より増加）。女性の「一時間以上三時間未満」と「三時間以上五時間未満」を合わせた六三％との対比は、鮮やかです。

具体的には、「日常の食事の準備」を「ほとんどしない」男性が、働きざかりの三〇歳代・四〇歳代ではそれぞれ八二％、八六％いて、これも平成八年より大きく増加しているのが気になります。

こうした実態の背景の一つに、〝男は仕事、女は家事・育児・介護〟という性別役割分業があることは明らかでしょう。家事は「女性が主で、男性は補助」と答えた人が、男性で七割近くいました。看過できないのは、そう考える女性もまた六三％と、ほぼ同率存在することです。

「女性の地位向上のために重要なことは？」の回答上位には、①男女がパートナーとして理解・協力する、②男女を差別している古い習慣やしきたりをなくす、③女性自身の自覚、④男性自身も意識改革を、があげられていました。不可解なのは、そうした課題に気づいていながら、これほどまでに差別的な実態を温存している〈ギャップ〉〈矛盾〉です。

このような現状は、先ごろ熊本県教委が発表した「家庭意識調査」の結果とも符合します（『熊本日日新聞』二〇〇二年六月三日）。父親の育児参加は九八％が必要だとしながら、実態は明らかに母親偏重なのです。父親の育児参加ができない理由として、①「毎日の帰宅時間が遅い」六三％、②「仕事が忙しくて、休日も家にいない」四二％、③「育児は母親の仕事だと考えている」二七％、などが指摘されていました。

どうしたらいいのか

「兼業主婦」問題は、男女共同参画社会実現の試金石の一つです。冗談ぬきに、今後、若い女性たちはこんな〝割に合わない〟結婚にそっぽをむくでしょう。少子化問題の克服も遠のきます。

「無報酬労働である家事が、女性の肩に重くのしかかる」現状は、「社会の雇用状況から改善していく必要がある」と、宇土市の報告書は提起しています。日本の「豊かさ」は、長時間過密のいびつな働き方と家庭生活の犠牲の上に成り立っているのです。

若い世代でも高齢者層でも、男女が互いに自立しつつ支えあう新しい関係を築こうとしている人たちは徐々に増えていますしかし、なかなか動かない「山」が足元にあるのも事実です。もういい加減、不条理への〝我慢〟や〝あきらめ〟、〝無関心〟や〝無神経〟に決別しないと、孫子《まご》の代までそっくり受け継がれてしまいます。声をあげること、話をちゃんと聞くことが不可欠です。

4　「ジェンダー」ってなーに？

意識と行動のギャップ

二〇〇二年九月に内閣府が発表した「男女共同参画社会に関する世論調査」の結果によると、「夫は外で働き、妻は家庭を守る」という考え方に対する賛否が四七・〇％の同率になり、賛成は五年前に比べ約十一ポイントも減少したそうです（『熊本日日新聞』九月八日）。

この変化は注目すべきですが、「同権意識が浸透」（同紙）と素直に喜んでもいられません。なぜなら、前に見た宇土市の調査結果とまったく同様、別項ではやはり家事のほとんど（八割以上）は妻まかせという現状があらわになっているからです。意識と行動のギャップがひろがっている側面を見逃してはならないでしょう。「子どもができても、職業を続ける」と答えた女性は今回も増加しているのですが……。

こうした事実は多くの女性にいらだちを、また少なからぬ男性に葛藤を生み出しているようです。「わかっているのにできないのは、まだほんとうにわかっていないからだ」という心理学者の説明を思い出しますが、それはともかく、家事・育児を一般の労働に比べ価値が低いもののように扱い、しかも前者を女性が、後者を男性が分担して担うべきものとしてきた歴史的・社会的背景がそこにあることは否めません。昨今の雇用不安は、克服すべきその流れを逆に強化しているようにも見えます。

「男らしさ」「女らしさ」の思い込み――「ジェンダー」

男女平等を考える上で欠かせないキーワードに「ジェンダー」があります。最近ときどき聞くようになった言葉ですが、他の「セクハラ」や「ドメスティック・バイオレンス」

などと同じく、日本語に一言で訳せないのが難点です。生物学的な性別（セックス）に対して、社会的・文化的・歴史的につくられた性差のことをいいます。

〝生まれつき〟だと信じていた「男らしさ」「女らしさ」が、実はその時代、その社会が求める型の刷り込みであり、習慣や教育によって知らずしらず「常識」となっているということがあるのです。すでにとりあげた「女（男）のくせに」にまつわる体験も、ほとんどがジェンダーに根をもつ思い込みや決めつけ、偏見や差別だということができます。

男はこうあるべきだとか、女はそんなことをするものではないといった観念が、深いところでその人を傷つけ、〈個〉の自立や社会の進歩を妨げているといったことがあるのです。数年前、進路選択にあたって、「男はデザイナーなんかになるものではない」と母親から言われ続けて苦しんだ男性の告白を聞き、驚いたことがあります。

しかし、ジェンダーというしばりからの解放（ジェンダー・フリー）は、徐々に進んできました。たとえば、女性のタクシー運転手に出会うことはそう珍しくなくなりましたし、法の整備にともなって保育・看護・介護・保健などの分野への男性の進出も著しいものがあります。男女雇用機会均等法（一九八五年、九七年改正）が後押ししています。学校での男女混合名簿も、ここにきてやっと増加しているようです。

佐賀県のある高校のアンケート調査で、「男らしさ」「女らしさ」とは何かと尋ねたら、いずれも上位の回答が「やさしさ」と「思いやり」だったそうです（男女回答者とも）。「男らしさ」は「たくましさ」、「女らしさ」は「かわいさ」といった旧来の固定的なイメージは姿を消しつつあります（嘆かわしいことですか？）。

（注）その後、二〇〇二年頃からジェンダーと性教育をめぐって、バッシング（攻撃）とバックラッシュ（巻き返し・逆流）が起こっています。

■両性のはざまにいる少数者の存在

二〇〇二年春、大阪のある「女性」競艇選手が、自らを「性同一性障害」だと実名公表し、「男性」レースに鞍替えしたニュースが報じられました。これまでも自分の性に違和感をもち、アイデンティティーに人知れず苦しんできたマイノリティーはいたのです。そうした人たちの存在と権利に、自然なまなざしが向けられる日はいつになるのでしょうか。

このように、生物学的な性をめぐっても新しい経験や認識が生まれつつあります。男女平等って、なかなか奥が深いのですね。

5　DVやセクハラという名の暴力

〝急増〟するDV

「ドメスティック・バイオレンス（略称・DV）」という言葉、もうご存知でしょうね。日本語に直訳すると「家庭内暴力」ですが、ここでは親子間ではなく夫婦など「親しい」男女間の――ほとんどは夫の妻に対する――暴力をいいます。近年、日本でも男女平等と女性の人権擁護の立場から、緊急課題の一つとして注目されるようになりました。

「夫婦ゲンカは犬も食わぬ」とか「痴話ゲンカ」という言葉に端的にあらわれているように、従来、夫婦間の暴力は「家庭内」の「私的」なトラブルのうちと見なされ、仮に警察沙汰になっても、よほどのことがないかぎり「民事不介入」として等閑視《とうかんし》されてきたのです。

しかし、時代は変わりました。二〇〇一年十月に施行された「ドメスティック・バイオレンス防止法（正式名称は「配偶者からの暴力の防止及び被害者の保護に関する法律」）によって、看過できないこの問題解決への一歩がようやく踏み出されたのです。似たような変化は、

「児童虐待防止法」(二〇〇〇年十一月) にもあてはまります。

DV法の施行から一年を経て、裁判所への「保護命令」(加害者の接近禁止や自宅退去) の申し立ては全国で一、〇〇〇件を超え、熊本県内でも県婦人相談所への相談件数が急増し、地裁の保護命令は一〇件に達しています (『熊本日日新聞』二〇〇二年一〇月六日、一三日付)。

DVの実態は、想像以上に深刻です。相談・申し立て・保護命令の増加は、これまでも存在したのに救われなかった無数の被害者の女性たちが、次々と声をあげはじめたことのあらわれでしょう。

二〇〇一年春、熊本市役所内で開かれたDVを考える集会で、二人の方が勇気をふりしぼって自らの過酷な体験を語られました。コントロールの効かなくなった夫の激しい暴力がどんなに大きな恐怖と屈辱感、心身の苦痛と傷をもたらすか、参加者は息を飲み言葉を失ったのでした。主催団体の一つ、民間のシェルター (現代版かけこみ寺) である「火の国をんな軒」は、二〇〇二年三月、この二人を含む体験者の発言・手記を柱とした創設十周年記念誌を発行しています。

法とシステムの見直しも急務です。たとえば、防止法の対象を現行の夫婦間 (事実婚も含む) から「恋人間」にまでひろげるとか、被害者の救済とサポートの拡充はもちろん、加害者の教育と更生（＝救済）の保障など、改善すべき課題がいくつもあります（注…その後二〇〇四年に、DV防止法は改正され、保護命令対象が子どもや元妻らまでひろげられました）。

なお、「ストーカー（つきまとい）規制法」が二〇〇〇年にできたことも付記しておくべきでしょう。

冗談ですまない「セクハラ」

DVよりも先に知られるようになったのが、「セクシュアル・ハラスメント」（略称「セクハラ」、性的いやがらせ）です。『知事のセクハラ――私の闘い』（田中萌子著、角川書店、二〇〇一年）で、私はあらためてこの問題の重大性と人権蹂躙《じゅうりん》の本質を知ることになりました。著者は、横山ノック事件の原告です。

一人の女子大生が思いもかけずおぞましいセクハラ事件に巻き込まれ、支えてくれるはずの身近な人たちからも追いつめられ、さらに裁判に勝った後はトラウマに悩まされつづける……。でも、彼女の「闘い」は間違いなく歴史の歯車を進めました。

学校で教師が、また職場で上司が、権勢をカサに着てセクハラ行為に及ぶ事件もしばしば起こっていますね。しかし、日常の会話や宴席で「最近は何を言っても、しても、セクハラになるもんなぁー」と冗談めかしてささやかれることも多く、問題が正しく理解・合意されるにはまだまだ議論と時間が必要なのではないでしょうか。

セクハラの「重要な基準」は、相手にとって「アンウェルカム」（歓迎されない、望まない、いやな）であるか否かだという弁護士・渥美雅子さんの指摘（渥美・村瀬幸治共著『性愛対話』、柏書房）がわかりやすいと思います。改正男女雇用機会均等法（一九九七年）で、職場でのセクハラ防止は事業主の配慮義務となりました。

6　男女共同参画「法」「条例」を生かす

「男女共同参画社会基本法」

一九九九年六月、「男女共同参画社会基本法」が公布・施行されました。これまでお話ししてきたさまざまな問題解決と男女平等実現のための法的根拠ができたのです。

この法は「男女共同参画社会の実現」が「二一世紀の我が国社会を決定する最重要課題」だと、最上級の位置づけをしています（前文）。その「男女共同参画社会」とは「男女が、社会の対等な構成員として、自らの意思によって社会のあらゆる分野における活動に参画する機会が確保され、もって男女が均等に政治的、経済的、社会的及び文化的利益を享受することができ、かつ、共に責任を担うべき社会」（第二条）です。

立法化の過程では、「男女平等基本法」という名称にすべきだとの意見も強く出されました。「共同参画」では、問題が男女の相対的な関係・ありように矮小化《わいしょうか》され生ぬるい――差別や人権といった歴史的本質が見えなくなるという懸念からでしょう。この批判的視点は、今後も忘れてはなりません。

しかし同時に、「参画」という新しい概念は、抽象的に受けとられかねない「平等」を現実的なものにするメリットをもっています。単なる「参加」だと〝そこに女性の存在や意見が入っているから、いいじゃないか〞というような形式的平等にとどまる曲解や妥協を許す余地があるからです。「参画」とは、最初から最後まで実質的に関与しているということを意味しています。

そうして基本法は、①男女の人権の尊重、②（固定的な性別役割分担など）社会的制度・慣習に残っている共同参画の阻害要因への配慮、③政策などの立法・決定への共同参画、④家庭生活と他の活動の両立、⑤国際的協調、という五つの基本理念にのっとり、国・地方公共団体・国民の責務を定めました。

歴史の流れを確かなものに――条例化や日常化へ

基本法の制定以後、自治体の取り組みも進められ、本稿執筆時の二〇〇三年一月現在、三八都道府県、七四市区町村で条例ができています（注…二〇〇六年一月現在、四六都道府県、二七二市区町村に拡大）。

熊本県では二〇〇二年四月に「男女共同参画推進条例」が施行されたのは前述のとおりです。同条例は基本法と同様の課題を掲げ、県と県民・事業者・市町村が協力しながら男女共同参画社会の形成につとめるべきそれぞれの責務を明らかにしています。画期的なワンステップです。ただ、知事への申し出制となっている苦情・相談は、権限ある第三者機関のほうが適切ではないかとか、知事の任命制である県男女共同参画審議会委員に公募制も取り入れるべき、といった意見が条例案には寄せられていました。今後、運用の経験をへて見直しも必要となるでしょう。

市レベルでは八代市がすでに条例をもっていますし、菊池市などでもその動きがあります。熊本市では条例は未着手ですが、筆者も委員をつとめた懇話会の提言をふまえて、二〇〇二年三月、新たな男女共同参画プラン「男女がかたりあい共に築く二一世紀」ができました。「かたりあい」とは対話のことです。男女平等をめぐっては、ときに裁判を含む鋭い対立も生みますが、基本的解決のカギはやはり〈意見表明〉と〈対話〉にあるのではないでしょうか。

「男性育児休業取得が過去最高」（といっても全国でわずか一六二一人、二〇〇一年度）、「結婚による昇進差別で生命保険会社、国と和解」といったニュースが伝えられるなど、男女平等を是正する歩みは進んでいます。しかしながら、信じられないことですが、一部の自治体では条例案から「男女の人権尊重」を削除し、逆に「男らしさ、女らしさ」を挿入するなど〝揺りもどし〟の動きがあるのです。東京都では、財政難を理由に東京女性財団が廃止されました。

男女平等をホンネとタテマエで使い分けたり、まして骨抜きやタブーにしたりしない——根づかせる日々の努力がいよいよ大事になってきました。市民・NPOの役割も期待されています。

7　子どものときから、日常生活で

本節の最後に、足元から男女の平等と共生を実現するためのポイントを四つお示しして、まとめに代えさせていただきます。

人間関係のなかに平和を築く

「平和」とは、戦争のない状態をさすにとどまりません。戦争はまぬがれても、そこに貧困や不平等・人権抑圧・環境汚染などがあれば、ほんとうの平和はまだないというべきです。二〇世紀が「戦争の世紀」であったのに対して、二一世紀を「平和と人権の世紀」に、といわれるのは、そういうことを意味します（それなのに、今また世界がむきだしの戦争に直面しているというのは、いったいどうしたことでしょうか）。

人間は性別や年齢差、障害の有無や思想信条などさまざまな「違い」をかかえて生きていますが、その違いがもとで、ときにトラブルやもめごと（誤解や差別も）が生まれます。「共存」「共生」とは、そうしたトラブルやもめごとを避けるのではなく、平和的に解決してゆく生き方のことだと思います。人間関係のなかに平和を築く、不断の努力が大切です。

不可欠な〈エンパワーメント〉

女性・子ども・障害者・高齢者いずれの人権に関しても、最近よく耳にするのは「エンパワーメント」という言葉です。「力をつけること」などと訳されることがありますが、ちょっと分かりにくいですね。ニュアンスとしては「自信をもつ」「励ます」が近いと思われます。

私はこれを「無力ではないということ――そういう肯定的自己像と自信を、学習や交流や援助によってさらに育てること」と理解しています。短い訳語が見つかりません。

エンパワーメントは不可欠です。たとえば、平和教育でどんなに戦争の悲惨さを学んでも、学ぶ主体が「自分は何もできないちっぽけな存在だ」と無力感にとらえられていたら、その教育はそれこそ無力ではないでしょうか。小さい頃から自己肯定感をはぐくみ、足元から生きいきと平和をつくる人を育てることが、平和教育の課題だと思います。これは人権教育でも同じです。

「かたる」が社会参画への第一歩

ちょっと自信が出てきたら、思い切って声をあげましょう。「私はこう思う」とか「～はイヤだ」と意見表明することです。相手やまわりに気を使い過ぎて結局言いそびれ、「あの時、ちゃんと言えばよかった」なんて後悔したことありませんか?

「沈黙は」金ならず。〝言葉は無力だ〟なんてあきらめるのはまだ早いです。対話の精神が平等と共同の関係をひろげます。

熊本市男女共同参画推進懇話会の起草委員長として、私は市長への提言のタイトルを「男女がかたりあい、共に築く二一世紀」ではどうかと提案し、会の賛同を得たのでした。熊本をはじめ九州にひろく残る方言に「かたる」があり、これには文字どおりの「語る」に加えて「仲間になる、参加する」意味があることを、県外出身者の私はとても興味深く感じていたからです。「かたる」に「対話と参画」の意味を込めました。

うれしいことに、二〇〇二年春、市が策定した新しい男女共同参画プランのサブタイトルには、そのまま掲げられています。

子どものときから、日常生活で

男女平等が根づくためには、子どものときから日常生活で実践と積み上げが肝要です。「わちなみに、「受験教育は男女平等を妨げる」と言ったら、みなさんは驚くでしょうか。「わが子は勉強さえしていれば安心。高校生でも炊事・洗濯はいつも母親が」という家庭で育った子どもの将来は心配です。また「うちの生徒には、朝夕の課外授業をしっかり受けさせている」という学校のもとで家庭・地域生活を奪われた子どもの将来も憂慮されます。勉強・課外授業を「部活」と置き換えても、事情は同じです。

男女平等やジェンダーの立場からも、子育て・教育を根本的に見直す必要がありますね。

写真提供　読売新聞社

2 男女がかたりあい共に築く21世紀

——熊本市のアンケート調査をよむ

1 男女平等をめざす歴史のうねり

二〇〇二（平成一四）年三月、熊本市は「一人ひとりが輝く、男女共同参画社会の形成」をめざして、「くまもと市男女共同参画プラン」を策定しました。「男女がかたりあい共に築く21世紀」と題されたこの計画は、二〇〇一年から十年間を推進期間とし、策定にあたっては市民意識調査（一九九七年）、「熊本市男女共同参画推進懇話会」による「提言」（二〇〇一年二月）、および市民から寄せられた意見等をふまえたものです。

ご承知のように、男女の平等と共同参画をめぐっては一九九〇年代から「男女共同参画社会基本法」（一九九九年）を節目として、かつてない法整備のうねりが押し寄せました。「育児・介護休業法」「男女雇用機会均等法・労働基準法改正」「児童買春・児童ポルノ処罰法」「ストーカー規制法」「ドメスティック・バイオレンス防止法」などがそれです。熊本県の「男女共同参画推進条例」も施行されました（二〇〇二年四月）。二〇〇三年七月成立の「次世代育成支援対策推進法」「少子化社会対策基本法」も、男女共同参画社会づくりの課題と密接に関連しています。

こうした流れは人権と平等をめぐる大きな歴史的発展の一つであると考えられますが、かけ声やタテマエで終わらせず、社会のすみずみに定着させることが今日的な課題となっています。ここ数年、男女平等の取り組みに対する〝反発〟や〝逆戻り現象〟が一部に起こったり、財政難による関連施策見直しなどに直面していますが、この流れを押しとどめるわけにはいきません。

ところで、熊本市では過去三回（一九八七年・一九九二年・一九九七年）、女性の人権と男女平等・共同参画に関する市民の意識調査を実施し、これを施策策定の重要な資料としてきました。そして今回、二〇〇三年末に新たな「男女共同参画に関する意識調査」を実施しました（回答数一六一七＝有効回答率五〇・五％）。この調査結果は、新プランの進捗《しんちょく》状況と課題を、「くまもと市男女共同参画会議」（二〇〇三年三月発足、山下雅彦会長以下十一名＝当時）による検討をくぐらせながら明らかにする上で、役立てられることになりました。

ここでは、今回調査のデータをもとに、筆者なりの分析と施策への提言を試みます。クロス集計も交えた細部にわたる分析は報告書本文にゆずり、紙幅の制限から、ここでは結果の特徴とポイントへの言及にとどまることをお断りしておきます。

なお、調査全二五問の配列を組み換え、筆者が整理した四テーマについて取り上げます。一自治体での調査ですが、他地域の実態・傾向や課題と重なる点も多いのではないかと思います。

2　日本社会は男女平等か？

社会全体では「男性優遇」だとの認識が――「非常に」と「どちらかといえば」を合わせて――八割近くに及び、「平等」は一割もありません。やはり男女不平等は生きており、ひきつづき解決への努力を要する社会問題であることが実感されます。さらに、この〝平等感〟を領域別にみると、最も進んでいるのは「学校」（七割）であり、だいぶ下がって中位が「地域」「法律や制度」（いずれも三割台）、低位群が「家庭」（二割台）と「しきたりや慣習」「職場」「就職」（いずれも一割台）でした。

このように、平等感は社会領域によって比較的進んでいるところと遅れているところの間に大きな開きがみられます。それは、とりもなおさず施策の重点や戦術を考える上でのヒントになるでしょう。いずれにせよ、前回と比べると、社会全体でもすべての領域においても、わずかながら平等感は上昇しています。

男女平等をめぐる今日的焦点の一つが「選択的夫婦別姓」問題ですが、「認めたほうがよい」は四六・七%に上り、「いまのままでよい」（四九・七%）と拮抗するにいたったことが注目されます。これは過去の調査（「認めたほうがよい」…一九九七年が三四・四%、一九九二年は一九・一%）と比べても飛躍的な変化であり、法改正の機は熟しているとみてよいのではないでしょうか。

3　家庭・職業・地域における性別役割分業の意識
――ジェンダー――

家庭生活（家事・子育て・介護）

「男は仕事、女は家庭」といった考えに対して、「同感しない」と「どちらかといえば同感しない」を合わせた否定派が五八・三％、「同感する」と「どちらかといえば同感する」を合わせた肯定派が三七・八％と、一九九七年調査で両派は逆転した後、さらにその差はひろがってきました。とくに女性の否定派は多数にのぼります。

興味深いのは、「同感する／しない」それぞれの理由です。まず、「同感する」理由の上位は文字どおり、女性が家事・子育てを担うのが「よい」「安心」「適性」などの〈ジェンダー〉が占めますが、同時に「女性は家庭（家事・育児等）と仕事の両立は難しい環境にあるから」との現実認識が、とくに女性のなかで無視できません（二割）。他方、「同感しない」理由では、性別役割を否定し男女共同を促す意見が多いのですが、「女性も積極的に社会に出るほうがいいから」が一九九七年から大幅に減り（二九・四％→一六・四％）、

「男性だけでは家計を維持できないから」と考える男性も少なからずいるのです（一三・七%）。

このことは、旧来のジェンダー的決めつけはもちろん、今や抽象的な女性の社会進出論にとどまる段階でもない、社会的・経済的課題としての男女共同参画社会の到来が、奇しくもジェンダー肯定・否定両派からともに発信されている、とみることはできないでしょうか。ちなみに、子どもの育て方、わが子に望む学歴のいずれにおいても、性差より個性重視の傾向が強まってきていることを付け加えておきます。

家事分担で妻が主となるトップ3は、①「食事の支度」、②「食事のあとかたづけ」、③「洗濯」でした。以下、「買い物」「掃除」「家計」が続きます。夫が分担することの多いのが「ごみ出し」です。昔ほどではないにせよ、全体的に炊事・洗濯中心の「家事労働」を相変わらず妻が担っている実態が浮かび上がります。

男性の家事参加については、男女を問わず「できる人がする」という回答が調査ごとに増え、今回、「できる方がよい」「分担した方がよい」を抜いて一番に踊り出たことが目を引きます。もっとも、この「できる人が…」は、一見合理的・弾力的な分担主義にみえますが、結局、女性が主として担っている現状をご都合主義的に〝糊塗〟する危険をあわせもっていないか要注意です。

男性の育児・介護休業については、八割の人が「賛成だが、現実には取りづらい」と答えています。

職　業

働いている理由の最上位は男女ともに「生活を維持するため」ですが、その他の点では男女間にズレがあり、本流の男性に対してどちらかといえば補助的・補足的な女性の仕事のイメージが透けてみえます。

女性が職業をもつことについては、「子どもができたら職業を中断し、子どもに手がかからなくなったら再び職業をもつ方がよい」が六割を超えて最多でした。この傾向は九七年調査よりわずかながら強まっており、「ずっと」働きつづけた方がよいと考える人（二割）との差は開いたままです。今日、出産で退職する女性は少数ですが、子育てと仕事の両立は容易でなく二者択一的にとらえざるをえない現実の反映でしょう。しかし、いうまでもなく子育て後の再就職はきわめて困難であり、女性たちは前後二重の厳しい現実にはさまれています。

このことは、女性が働き続ける上での障害は何かの回答に如実にあらわれています。すなわち、①「家事や育児、介護との両立が難しい」（九割）を筆頭に、②保育環境の不十分さ、③育児・介護休業制度の不十分さ、そして④女性の低賃金や限られた職種、などの要因がはっきりと指摘されているのです（いずれも六割台）。〈ジェンダー〉〈女性差別〉〈社会的支援の未整備〉という三つの〝くびき〟からの解放が急務です。

地域活動

調査の年を追うごとに、地域社会への参加が衰退していることも特徴です。参加していない活動や行事は「特にない」が最も多く、四五・二％（男性だけでは四九・三％）を占めます。参加していない理由のトップは「仕事が忙しく、時間に余裕がない」（四七・七％、男性だけだと五五・二％も）であり、ゆとりのない働き過ぎ社会が、とりわけ男性を地域生活から引き離している現実がうかがえます。

4　DVとセクハラ

DV（ドメスティック・バイオレンス）

今回の調査では、DVとセクハラにかかわる、かつてなく具体的な質問内容が設定されました。これらをめぐる実態は想像以上に深刻であり、すでにふれたように、二〇〇一年に市役所内でもたれた集会でのDV体験談は衝撃的でした。これが、その後の施策にも影響を与えたことは間違いないでしょう。さらに、二〇〇四年二月の熊本地裁判決（熊本市内在住の女性の自殺をDVが原因と認定し、被告男性に四、六〇〇万円の損害賠償を命じた）は、ことの重大性をあらためて社会に知らしめる画期的なものでした。なお、熊本県では二〇〇三年三月、「男女間における暴力に関する調査」を報告書にまとめており、市の調査結果を検討する上でも重要な参考資料です。

さて、「DV防止法」（二〇〇一年施行）の認知度については、六五・四％が「知っている」と答えており、県調査（三八・四％）を大きく上回りました。

DV被害者は圧倒的に女性です。被害の具体的な中身を女性の側からみると、そのワースト3は、①「大声でどなって威嚇する」（二一・七％）、②「医師の治療が必要とならない程度の暴行」（二一・四％）、③「家具や食器、日用品を投げたり壊したりして、おどす」（二一・一％）でした。ちなみに、「医師の治療が必要となる程度の暴行」（三・七％）、「命の危険を感じるくらいの暴行」（二・七％）も、少数ながら見過ごせません。意外だったのは、女性のＤＶ被害一八項目のうち、一六項目までもが県の数値を上回ったことです（下回った二項目も僅差）。背景に何か都市的な要素でもあるのか、精査が必要でしょう。

また、ＤＶを受けた人（男女全体）の半数以上が「我慢し」、半数近くが「だれ（どこ）にも相談しなかった」といいます。これは県調査も同じでした。相談先としては「家族、友人、知人など」と「だれ（どこ）にも相談しなかった」の二つに分かれます（いずれも四割台）。そして、相談しても「あまり状況は変わらなかった」が半数近くに上り、相談しなかったのは「相談するほどのことではないと思った」が半数を超えることも留意すべきだと思われます。人権問題としてのＤＶの認識・対応のいずれにおいても、今後に課題をつきつけた結果といえます。

セクハラ（セクシュアル・ハラスメント）

長く放置されてきた人権問題という点では共通ながら、セクハラがＤＶと異なるのは、より日常的に主に職場などで行なわれ、しかも「した」側（これもほとんどが男性）に自覚がきわめて乏しいことでしょう。

女性のセクハラ被害のワースト3は、①「さわる、抱きつく」（二一・一％）、②「『結婚はまだ？』『子どもはまだ？』としつこく言う」、「接待や宴会で、酌やデュエット、ダンスを強要する」（一八・三％、同率）、③「性的な冗談や質問、ひやかしの言葉をしつこく言う」（一六・四％）でした。ところが、これらを「した」と認知している男性はそれぞれ、①二・五％、②〇・四％、二・二％③〇・三％と、ケタ違いに低いのです。

そして、セクハラを受けた人（男女全体）の半数が「だれ（どこ）にも相談しなかった」と回答し、相談した人の六割超が「あまり状況は変わらなかった」としています。これは、セクハラが社会的な認知度・解決力のいずれについても、ＤＶよりさらに遅れていることを示したものといえないでしょうか。

5　男女共同参画社会実現の条件

まず、出生率低下の原因として回答で多くあげられているのは、いわゆる「独身志向」や「育児より仕事に生きがいを感じる女性」の増大などではなく、「出産や養育・教育費などの経済的負担が大きいから」（五三・九％）と「女性が働きながら子どもを育てる条件が整ってないから」（四三・〇％）の二つでした。

「安心して子どもを産み育てるため」の社会的支援としては、①「出産・育児に対する経済的な支援の拡充」（五八・七％）を筆頭に、②「出産・子育て後に再就職しやすい制度づくり」（四七・九％）、③「子育て中の柔軟な勤務形態の普及」（四七・三％）、④「保育サービスの充実」（三八・七％）とつづきます。経済支援を中心として、子育てと仕事の無理のない両立支援を望む声が強いのです。

さらに、「男性が女性とともに家事、子育てや教育、介護、地域活動などに積極的に参加していくため」に必要なことを尋ねると、①「労働時間短縮や休暇制度を普及させる」（三九・六％）、②「男女の役割分担についての社会通念、慣習、しきたりを改める」（三八・

八％）、③「家事の分担をはじめ、男女共同参画社会を目指した教育をする」（三一・八％）が上位三つにあがりました。

この調査の総括的質問ともいうべき「男女共同参画社会の実現へ向けて」の熊本市に必要な取り組みについては、①「出産・子育て・介護への社会的支援の充実」（五二・一％）、②「働きやすい就労環境の整備」（五〇・〇％）がいずれも五割を超え、③「子どもの頃からの男女平等教育推進」（三一・八％）がこれに続きます。ここでもまた、子育て・介護と男女平等の就労環境にかかわる基盤整備が市民の二大要求であることが明らかになったと言えるでしょう。

6　自治体の施策への提言

熊本市は、今回の調査結果を今後の施策にどう生かすべきでしょうか。筆者は、以下の四点に集約することができると考えます。

まず第一に、調査の結果とポイントをひろく市民に知らせ（投げかけ）、市民が自らの問題として語りあい、行政との協働もひろげていけるような、質の高い情報公開・啓発活動を旺盛に展開することです。

第二に、これまでの男女共生推進課を中心とする努力の成果に自信をもちながらも、一方で〈男女不平等〉と〈ジェンダー〉が根強く残っている現実を見すえ、これを克服するための目標・戦術に磨きをかけ、有効な具体的施策を全庁あげて推進することです。とりわけ、DVとセクハラの被害者の救済（シェルターの確保や相談・保護・支援の充実はもちろん、加害者の教育・再生も）は諸機関が連携して急ぐべきですが、これらの問題を予防し、それらが生まれる社会的土壌を変える取り組みは、むしろ時間をかけて丁寧に進めるべきでしょう。

第三に、これが今回の調査結果最大のポイントなのですが、男女共同参画社会実現のカギは、何はさておき社会的・経済的・政治的条件整備がにぎっているということです。具体的には、①子育て・教育・介護にかかる経済的負担の軽減、②育児・介護休業の促進や保育サービスの徹底による、子育てと仕事の両立保障、③就職・就業における女性の差別撤廃（賃金・登用・昇格など）、④家庭・地域生活を犠牲にした長時間過密の働き過ぎ社会から、真にゆとりある人間的な社会への転換（子育て支援を含む）、⑤男女の平等・共同参画を子どもの頃から学ぶ教育の推進、の五点です。

もとより、これらの課題の多くは、法律・制度を介した国・県との関係や企業・地域・市民との協働なしには実現しないものですが、そうした関係・協働を積極的に〈切りひらく〉自治体としての熊本市のイニシアティブが求められます。

第四に付け加えておきたいのは、男性に対する取り組みを意識的・相対的にひろげることです。これまでの施策が、「男女共同参画」といいつつも、女性の人権と差別解消を軸に展開してきたことは歴史的背景からみて当然でした。しかし、「男性優位」の社会が実はオトコたち自身をも深いところで苦しめ、その人権を傷つけていることに気づくならば、彼らの本音を引き出す語らいの場、個の尊厳を輝かせつつ共に幸せになる道が、多様に用意される必要があります。そこには、根本的に「安らぎ」と「楽しさ」がなくてはならないでしょう。

最後に、問題の所在と今日的課題に気づき、有効で発展的な施策・取り組みを築くための貴重な手がかりとして、こうした調査報告が存分に活用されることを願っています。

＊付記　二〇〇六年の元旦、筆者に届いたSさん（男性）の年賀状より

貨物扱い所では夜八時ごろ、一四、五人の女性と二人の男性がてきぱきと働いていた。私は荷物を受け付けた女性に「ここは女性の天下だね」と言った。彼女は私を確かめるように見て、小声で「いいえ、男性の天下です」と言いきった。私はその返事に「そう」と驚いたが、「そう、では、がんばって」と言い直した。彼女は大きな声で「ありがとうございました」と言い、小声で「はい、がんばります」と応えた。私は、さわやかな気分になった。

変革のエネルギーは、働く人たちに蓄積される。今日ではパート労働者、フリーター、特に女性に。

3　子どものこえがひびくまちへ

――次世代育成支援をめぐって

1　熊本市次世代育成支援行動計画づくりにかかわって

止まらぬ少子化と子育て困難のなかで

出生率は一・二八台後半と過去最低を更新し、新聞は「底なし少子化――国の対策効果なし」と報じました（二〇〇五年六月）。一方、児童虐待相談件数は過去最高の三万件突破しています。国の少子化対策と子育て支援策は決め手を欠いたまま、二〇〇五年四月からの「新々エンゼルプラン」にバトンタッチされています。

ご存知のように、二〇〇三年七月に成立した「次世代育成支援対策推進法」は、すべての自治体と従業員三〇一人以上の企業に「行動計画」策定を義務づけました。その策定指針には「子どもの利益」の視点も掲げられてはいましたが、子どもの権利条約の位置づけは付け足し的で、子どもや親を行政サービスの「利用者」ととらえる見方にとどまっていたところに、そもそもの限界がありました。「子育てについての第一義的責任」が「父母その他の保護者にある」とする「基本的認識」（同法第三条）も、権利条約のご都合主義的すくい取りといわれても仕方がないでしょう。むしろ、子どもの問題をあくまでも〝親のせい〟にする「基本的認識」にひきずられ、支援における公的責任をあいまいにしています。

そうした弱点をかかえながらも、子どもと子育ての困難を「住民参加と情報公開」や「ニーズ調査」によって打開しようとする計画づくりは、やりようによっては一定の意義と可能性をもつものでした。

■熊本市の行動計画「ひびけ！子ども未来プラン」の積極面

私は、二〇〇三年の八月から二〇〇四年一一月の答申まで、策定委員会委員（副座長）

として熊本市の行動計画づくりにかかわりました。二〇〇四年三月、市は答申と同じタイトル「ひびけ！子ども未来プラン――子どもの声がひびく地域（まち）づくり」を発表しています。

〈家庭支援〉〈健康・教育〉〈子どもの人権と安全〉の三つの柱からなる本計画の詳細をご紹介する余裕はありませんが、その積極的な側面をあげるならば、次のような諸点が指摘できるでしょう。

まずプロセスにおいては、二〇〇二年に誕生した幸山《こうやま》市長の「情報公開と市民参加」の公約のもと、第一に子ども重視をうたった「まちづくり戦略計画」が後押しし、第二に当事者・市民の参加が実現したこと（初年度の策定委員二五名中、公募の母親七名。NPOヒアリング、中高生グループインタビューも）。第三に、事務局をつとめた子育て支援課の情熱と努力が、市民との協働で奏効したこと。第四に、委員会内部のオープンな議論と主体的な合意形成が実を結んだこと（二年度は七か月で予定をこえる八回の会合、他に起草委員会四回）です。

内容的には何が評価できるでしょうか。第一に、子どもの権利条約をベースともエッセンスともして、「子どもの声がひびく地域（まち）づくり」を計画の基本理念にすえたことです。第二は、あらたな保育所の設置（五か所）、障害児のための「こどもの発達支援センター」の新設、プレイパークの拡大（現一四か所を三六か所に）などのほか、「子どもの人権オンブズパーソン」制度の検討が打ち出された点です。第三に、児童虐待防止を含む地域の子育てネットワークや窓口サービスの充実など、現状の問題点の洗い出しと改善がはかられました。

問題点と今後の課題

一方、いくつかの問題点も明らかになりました。

その第一は、「財政健全化」を至上命題とする市の経済効率優先の行財政計画との矛盾です。策定委員会でニーズ調査内容の検討のさなか、市が学童保育の有料化の方向を決めていると報道されたことは、それが子育て支援なのかという批判以前に、情報公開・市民参加に逆行するもの、策定委員会を無視するものとして多くの委員の怒りを買いました。同様に、現在、市立産院の廃止問題をめぐって、この市民感覚との〝不協和音〟＝矛盾が激化しています。

（注）一〇万筆を超える署名と市民運動の力で、二〇〇六年三月、産院廃止は見送られることになりました。

第二に、これらのほかにも「総合保健福祉センター」の新設、「勤労青少年センター」の「青少年センター」への転用など、市の重要な構想について策定委員会が立ち入れなかったことです。

第三に、（これは全国どこでもそうだったのではと推測しますが）「教育」については、所管課の消極姿勢もあって深く論議できなかったことです。教育は子ども受難・子育て困難の大きなネックなのに――。

第四は、膨大なエネルギーを要したニーズ調査が、注目すべき結果の宝庫であるにもかかわらず、十分生かされたとはいいがたい点です。事務局の役割やコンサルタント会社への委託を含む調査方法も、検討の余地があります。

第五に、計画にかかげられた「子どもの声がひびく地域（まち）づくり」は、残念ながらいまだ看板どまりで、中身への反映は不発に終わったといわざるを得ません。この理念の直接的な具体策も「『子どもの人権オンブズパーソン』制度など、新たな取り組みの必要について検討を進める」という以外は、従来の一般的「人権啓発支援事業」と学校内「子どもフォーラム」を超えるものは、何ら打ち出されていません。

以上のような問題を含んではいますが、「子どもの声」をキーワードとする行動計画ができたことの意義は小さくないと思います。これから設置される計画推進のための「地域協議会」や「庁内連絡会議」のうごきを注視しながら、私も市民・研究者としてしっかりフォローアップ（追跡）しつつ提言していきたいと思っています。

大型ＳＣ問題にも〈子どもの視点〉生かせ

二〇〇五年秋にその計画が明らかになった、熊本市佐土原における「大型ショッピングセンター（ＳＣ）」問題を「子どもの生活環境」から考えるシンポジウム（くまもと地域自治体研究所主催、二〇〇五年十二月三日）において、私は（開発許可権をもつ）市の「対応会議」＝事前審査では交通渋滞や騒音・光害・地下水などの環境面からの検討はなされているが、子ども・子育ての視点が欠落しているのではないかとの危惧を表明しました。

同月二十三日に開かれた〝幸山市政の三年をふりかえる〟「市民議会」の場で、私は直接この点を市長に質《ただ》しました――無記名の質問カードを介してですが。「対応会議に、子育て支援課や教育委員会は関与しているのか」の問いに、市長の答えは「否」でした。

これは、熊本市「まちづくり戦略」の三大柱の一つである「子どもたちが健やかに成長するまち」の看板倒れを意味します。また、本稿でご紹介した「次世代育成支援行動計画」を自ら脇に置く無責任な〝不作為〟です。大型ショッピングセンター問題は、「計画」を生かせる重要な応用問題なのではないでしょうか。

（注）二〇〇六年五月、熊本市は交通渋滞の恐れをおもな理由として、この大型ＳＣ計画を「不許可」としました。

2　アンケートにみる熊本市の子ども・子育て・教育
――ニーズ調査（二〇〇四年三月）より

熊本市次世代育成支援行動計画「ひびけ！子ども未来プラン―子どもの声がひびく地域（まち）づくり」策定の参考資料の一つが、①就学前児童の保護者、②小学生の保護者、③中高生の保護者、④中高生本人を対象とした市の「ニーズ調査」（郵送アンケート、有効回収総数三三〇五、回収率四七・二％）です。二〇〇四年三月に調査報告書が公表されてから時間がたっていますが、膨大なデータのなかから興味深いものをいくつか抽出して、ここでご紹介したいと思います。

図1　子育ての不安や気になること
……［就学前保護者］　　n=1.515

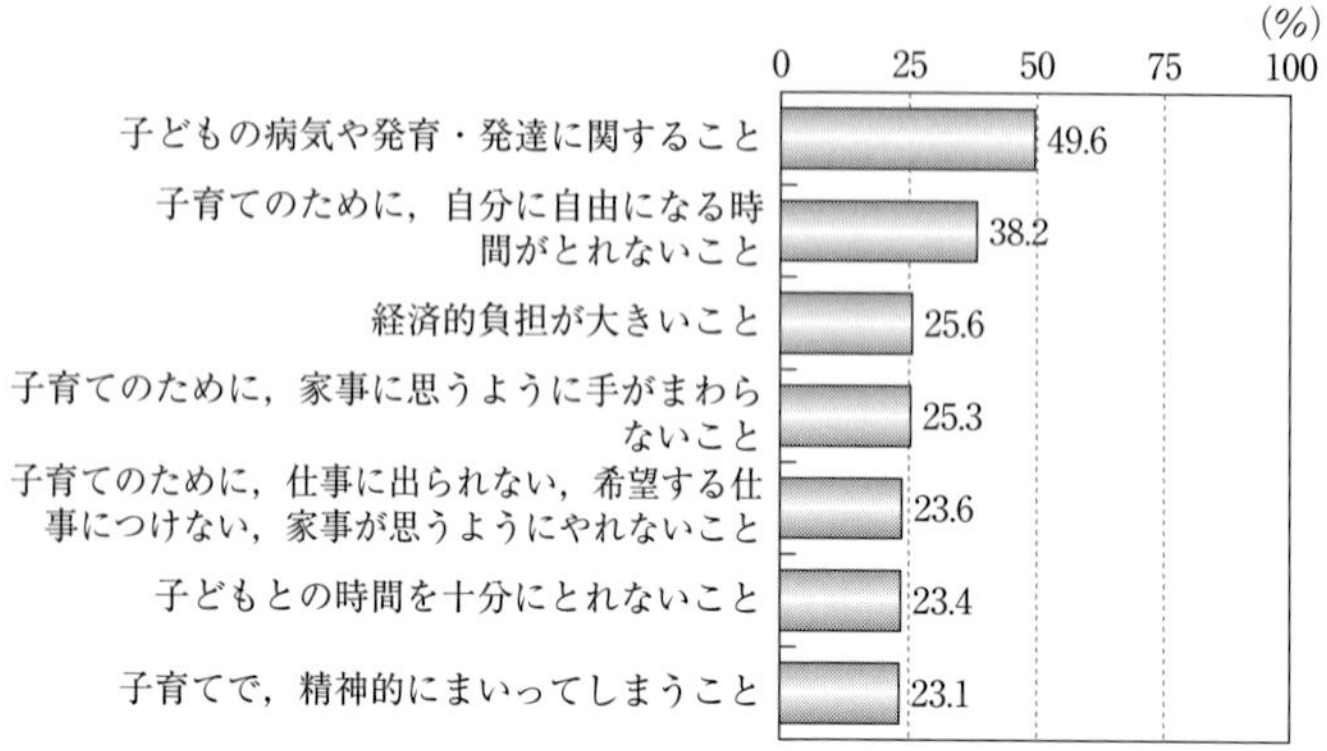

子育ての不安や悩み

子育ての不安や悩みに関して、上記①②③の回答結果から、上位七位までを抜粋してみました（いずれも選択式。回答者はほとんどが母親…①九三%、②八五%、③八一%。複数回答あり）。

手のかかる乳幼児の子育て不安が多岐にわたって高率なのに対し、小学生では「教育」が多くを占め（二人に一人）、中高生になると「進路」「成績」「勉強」に特化されていく様子がよくわかります（**図1・2・3**）。乳幼児期には、子どもの心配もさることながら、母親自身の余裕のなさ（＝サポート・共同の必要）が浮き彫りになっているといえるでしょう。

「経済的負担」が就学前・小学生ともに三位にあがっているのも目を引きます。その点、中

図2　子育ての不安や気になること
……［小学生保護者］　n =1.036

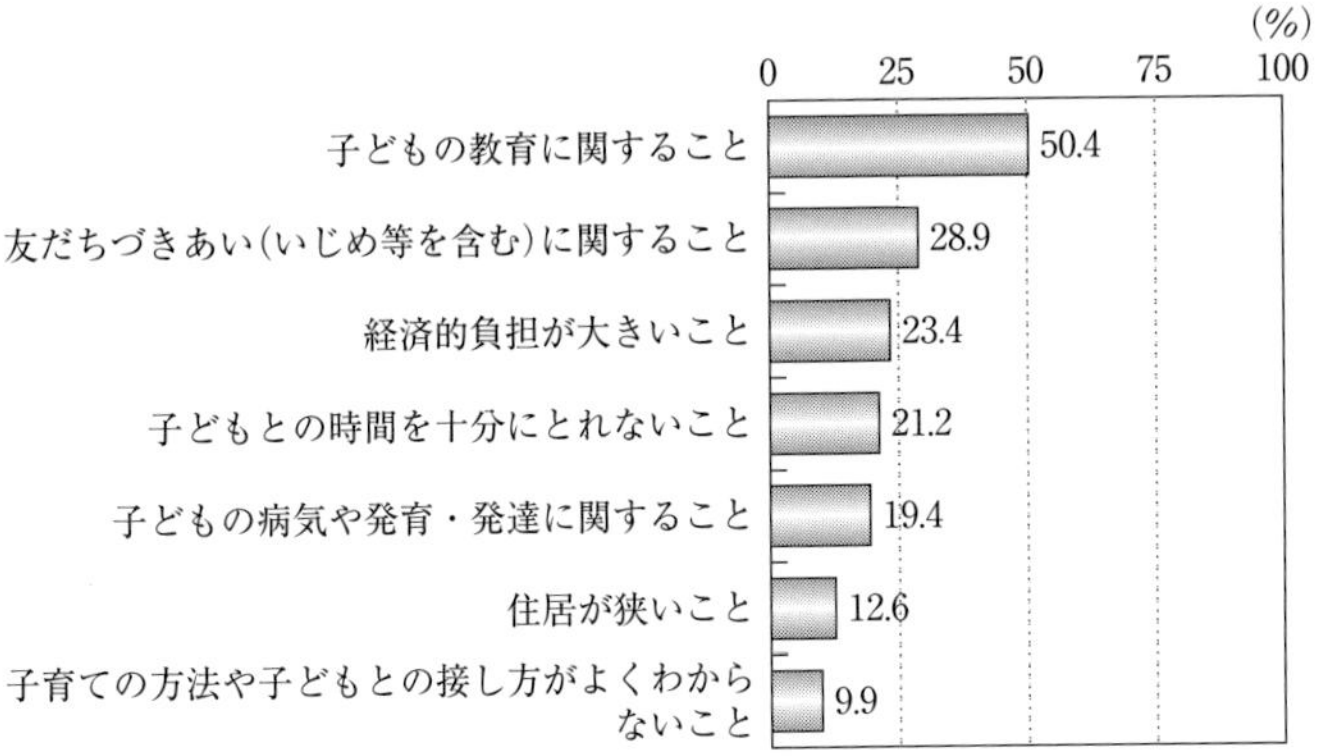

図3　子どもについて悩んでいること
……［中高生保護者］　n =404

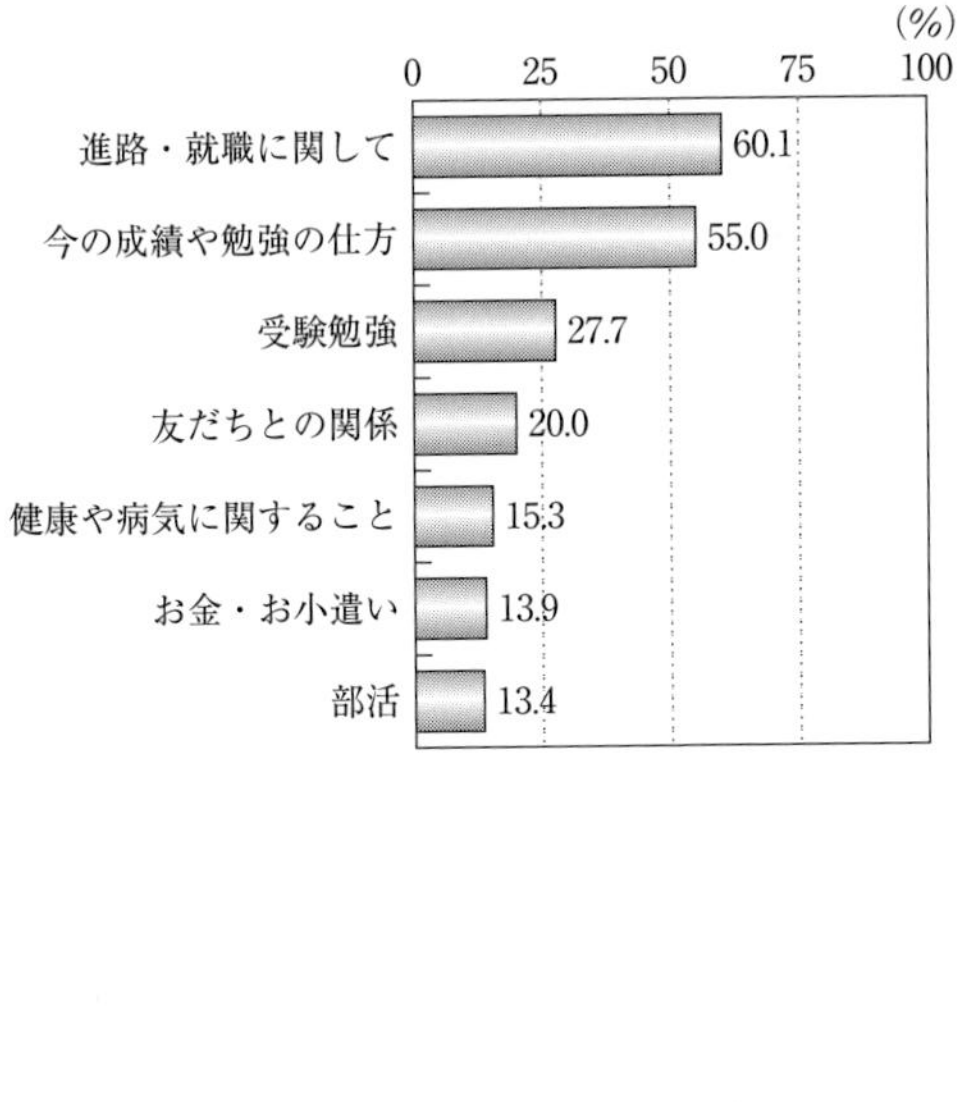

高生で「お金」が低位なのは意外です。小学生の「教育」の不安が具体的に何をさすかは、さらにつっこんだ設問がなく、残念ながら明らかではありません。

なお、関連するデータもあげておきます。

●子育ては…　「楽しい」　「まあまあ楽しい」

就学前　五〇%　四一%

小学生　四四%　四七%

●子育ては…　「大　変」　「まあまあ大変」

就学前　五七%　三一%

小学生　三八%　四二%

●子どものことで悩むのは…

中高生　「よくある」　「たまにある」

一六%　五二%

熊本市に望む子育て支援

就学前の子どもの親たちは、先に紹介した子育ての「不安」と同様――その裏返しだと思われますが――、行政に期待する支援も多岐にわたり、かつどの項目も高率です（**図4**）。しかし、何といってもここでは就学前から小学生期をとおして「子育て・教育にかかる費用負担を軽減してほしい」というのが親たちの切実で最大の要求だという結果に注目すべきでしょう。就学前の親の実に四人に三人、小学生の親の五人に三人がそう望んでいます（**図4・5**）。

二〇〇五年六月に発表された世論調査でも、少子化の理由として最も多くあげられたのは「育児や教育にお金がかかる」（六四％）でした（日本世論調査会、『熊本日日新聞』六月二〇日）。ちなみに、同調査で「有効な少子化対策は？」に対する回答のトップ3は、以下のようでした（複数回答）。

① 育児手当などの経済的支援を拡大する　六一％
② 子育ての休暇を取りやすい環境づくり　三七％
③ 出産・育児休暇を拡充し、休業時の所得補償を増やす　三五％

図４　熊本市に期待する子育て支援策
……［就学前保護者］
※複数回答，上位５位まで　　n＝1.515

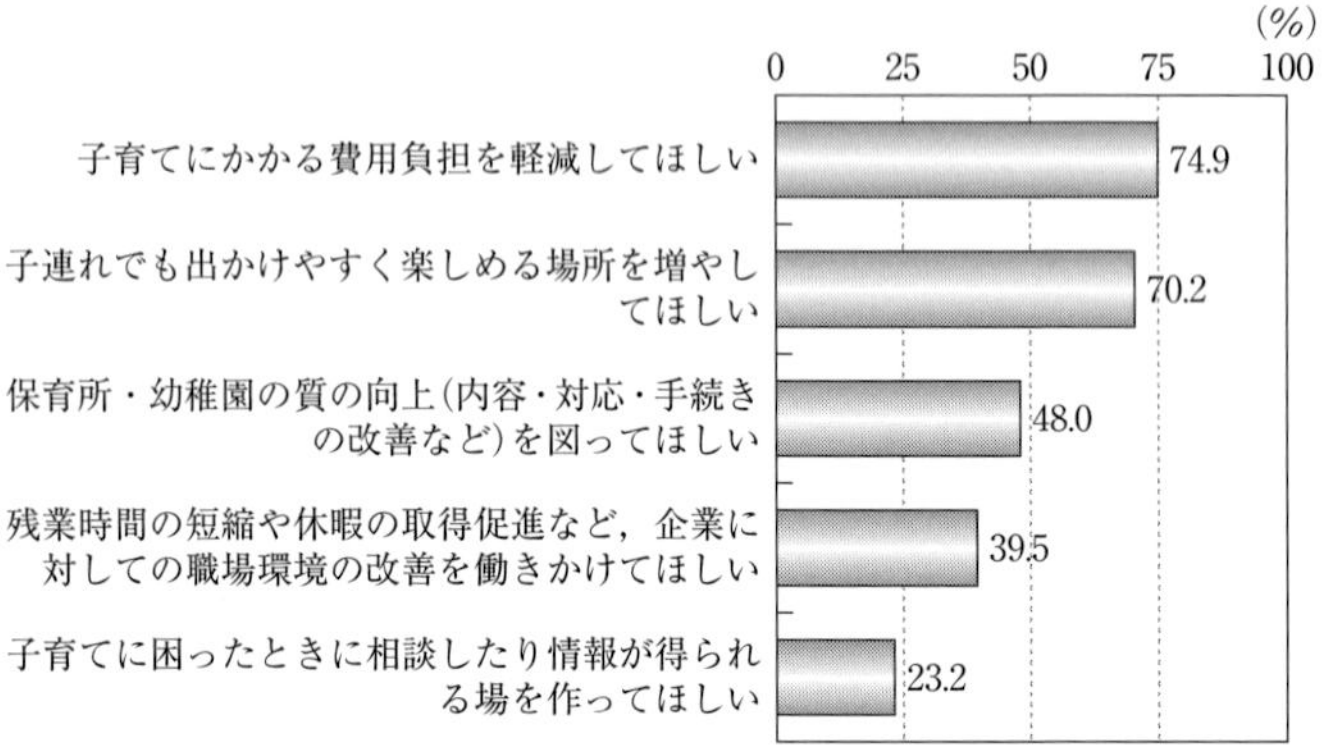

図５　熊本市に期待する子育て支援策
……［小学生保護者］
※複数回答，上位５位まで　　n＝1.036

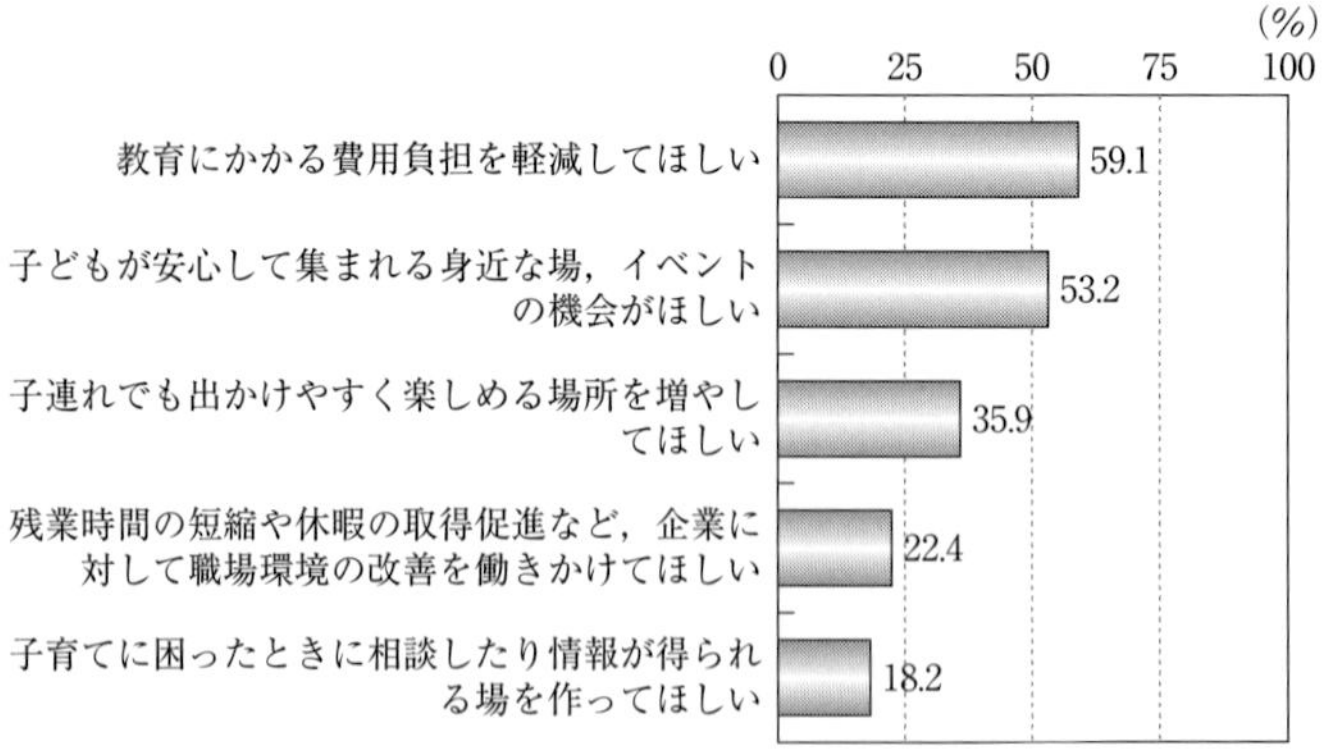

出生率が過去最低となるなか、こうした調査結果は、どこか〝小出し〟の対症療法を続け、またある意味で国民の相互支援や地域のネットワークに〝解決〟を委ねようとしてきた行政の中途半端な姿勢に転換を迫るものではないでしょうか。やはり基本は税制や賃金・手当などの経済問題であり、仕事と育児が両立できる人間らしい暮らしの確立です。

さて、もう一つ、**図6**もたいへん興味深いデータです。ひょっとしたら、この設問で市は「財政健全化」のための市民の〝我慢と協力〟を取りつけたかったのかもしれませんが、結果はごらんのとおり。二人に一人が「現状維持を。そのための市の負担やむなし」、四人に一人が「市の負担を増やしてでも、支援拡大を」と望んでいます。

学童保育有料化（受益者負担）の前に、また現在議論になっている市立産院問題でも、当然重く受け止めなくてはならない結果ではないでしょうか。

子どもの居場所はどこに？

この調査からは、子どもたち（中高生）の実態と願いの一端も浮きぼりになっており、見過ごすことができません。

図6　子育て行政サービスと市の財政負担のあり方について
……［就学前保護者］　n＝1.515

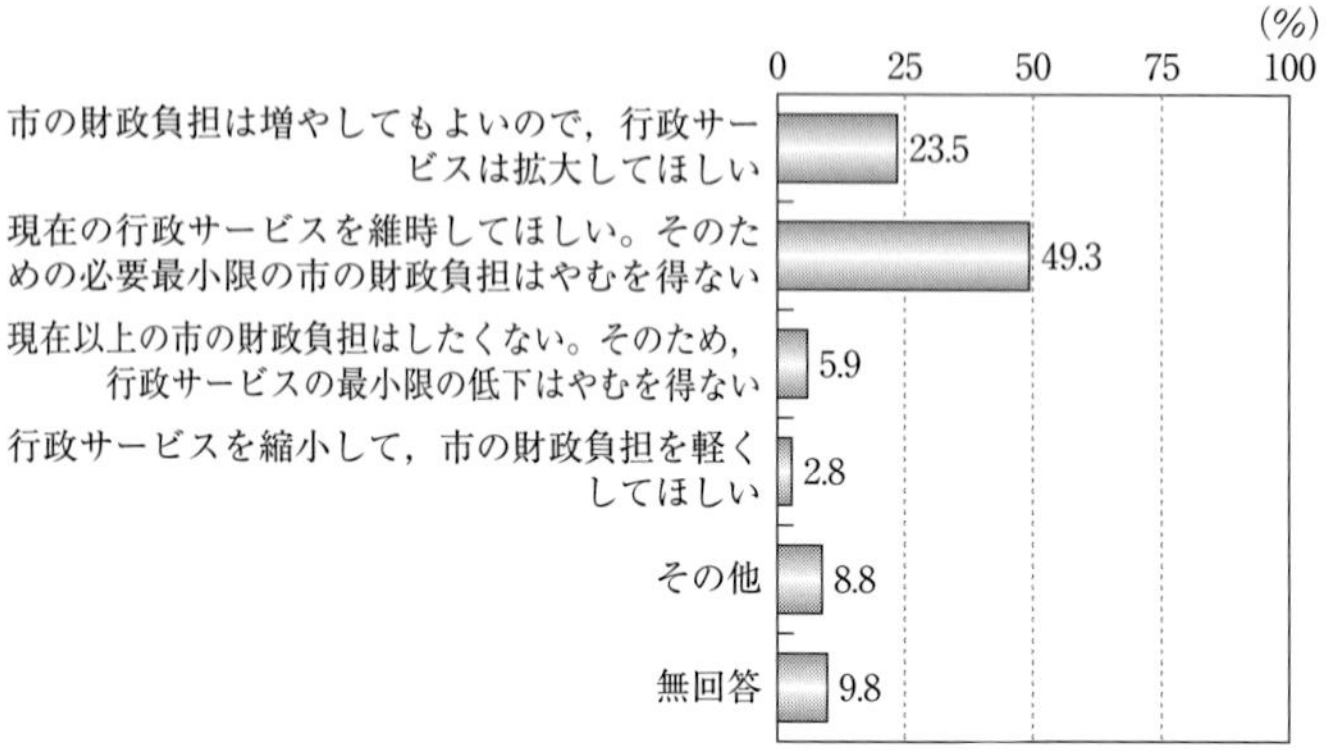

図7　こんな場所があればでかけてみたい
……［中高生］　n＝323

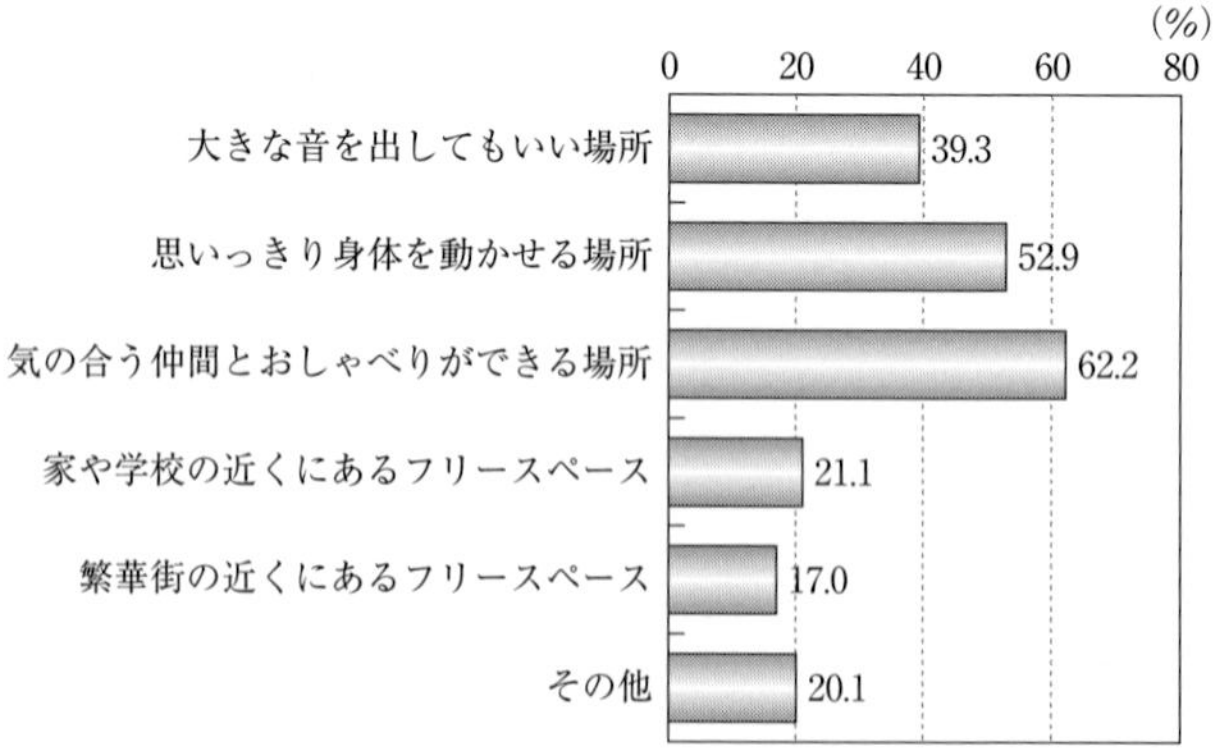

まず、中高生の望む居場所のトップ3は「気の合う仲間とおしゃべりができる」「思いっきり身体を動かせる」「大きな音を出してもいい」ところです（図7）。現実には、そうした場所がないのです。以前から指摘されていたように、市内に一か所しかない「子ども文化会館」も十数か所ずつある児童館・公民館も、中高生のそうした要求を満たせる施設とはなってきませんでした。その代わりをしているのがファーストフード店やカラオケなのでしょうが、当然ながら有料だったり〝出入り禁止〟だったりで限界があります。

「勤労青少年ホーム」を「青少年センター」に転用するという市のまちづくり計画に、私たちは少なからぬ期待を寄せましたが、できあがった「行動計画」に盛られたセンターの業務は「街頭指導」を中心とする非行対策に「青少年の居場所づくり」をくっつけたもので、本来必要な中高生の居場所とはなりえないでしょう。

次に、自分たちだけで何かにチャレンジしたり達成した経験のない中高生が六五％にものぼるという結果には、あらためて驚かされました（図8）。その理由の一番は「まだ機会がないから」（半数以上）であり、「考えたこともない」（四人

図8　自分たちだけで挑戦したり成し遂げた経験
……［中高生］　n＝323

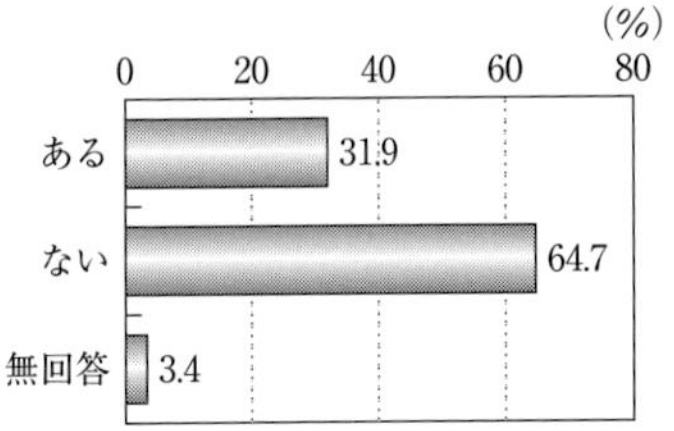

図 9　挑戦したことのない理由
……［中高生］　n =209

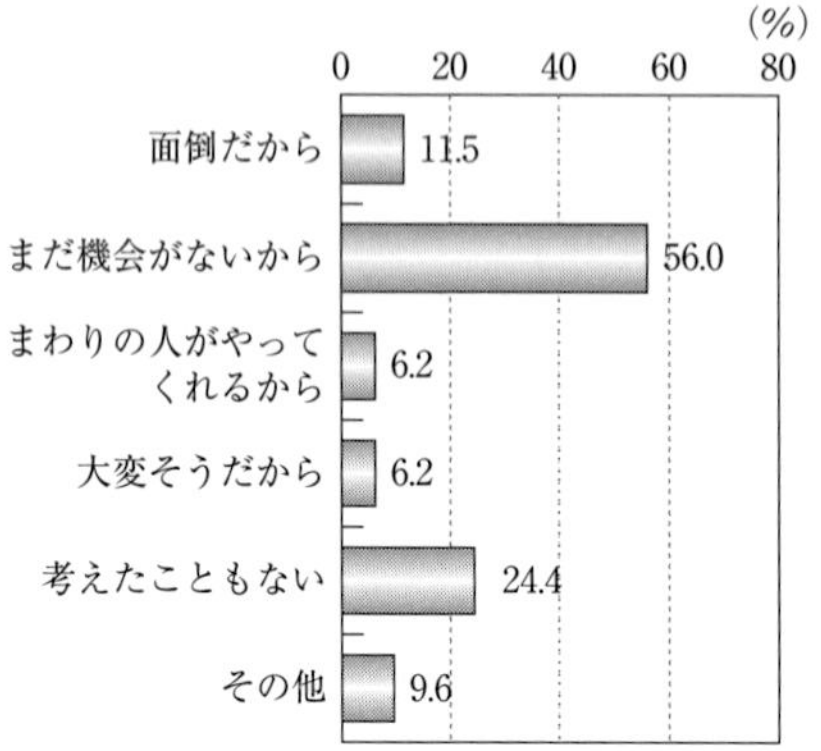

図10　日ごろ参加している活動
……［中高生］　n =323

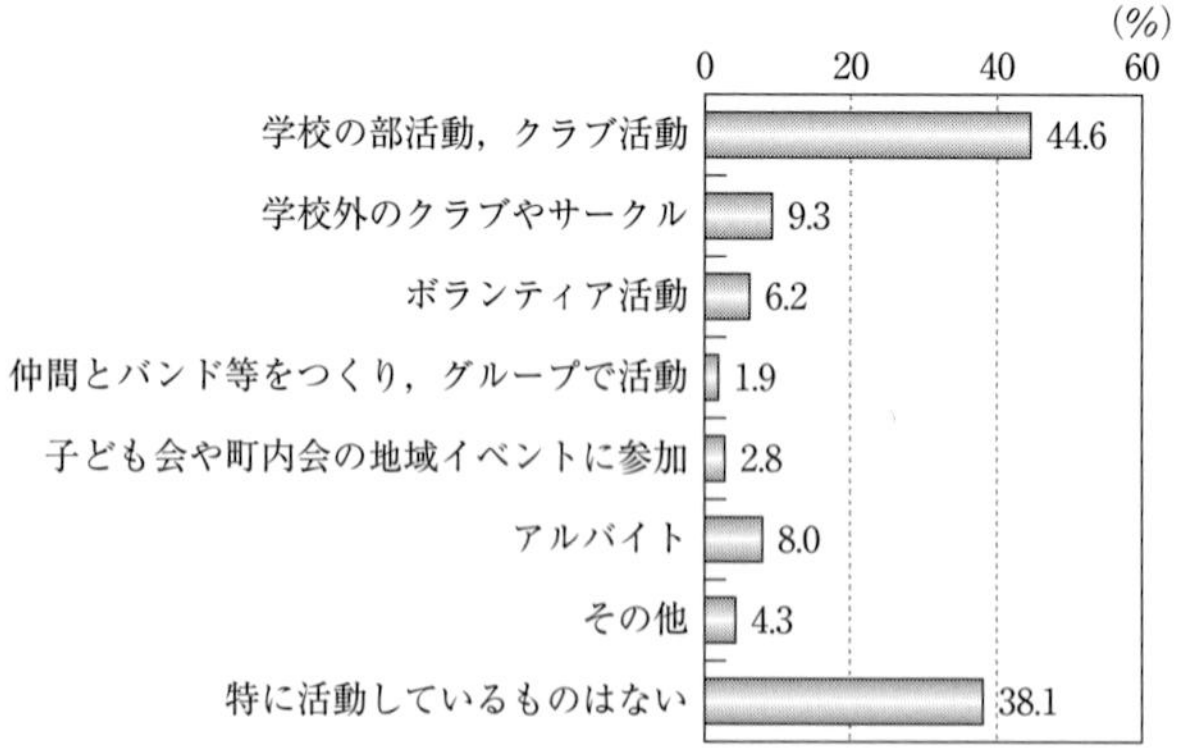

に一人〉がこれに続きます（図9）。子どもたちを輝かせるための環境を整えること――まさに行政や大人が問われているのではないでしょうか。

現実の中高生の生活が「部活」と「何もしていない」に二極分化し（図10）、その部活にいたっては学校五日制下で週六日、七日も休みなしでハマッている状況は、とても尋常とはいえません（図11）。受験のための強制課外や塾通いと並んで〝当たり前〟となった〈部活漬け〉が、子どもたちの自律的な生活と健全な成長をどれだけ阻害し、さまざまな問題や事件の要因を日々〝積極的に〟増産しているか、親・教師・教育行政関係者は危機感をもち、問い直すべきではないでしょうか。これは教師の多忙化・疲労・病気・「不祥事」のひろがりとも無縁ではないと思います。

図11　部活の頻度（週）……［中高生］
n =143

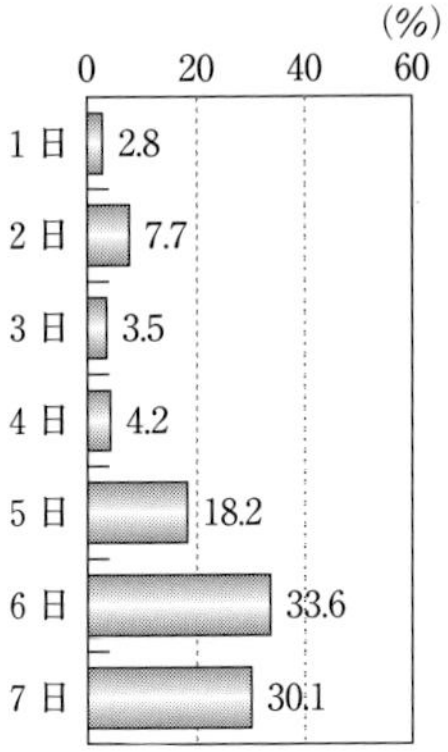

こうした貴重なデータが、〝真面目に〟施策に生かされるべきです。

悩みごとをめぐる親子のずれ

世代間の「断絶」が流行語になったのは、いつの頃だったでしょうか。次にご紹介する

図12　悩みごと
……［中高生］　n =323

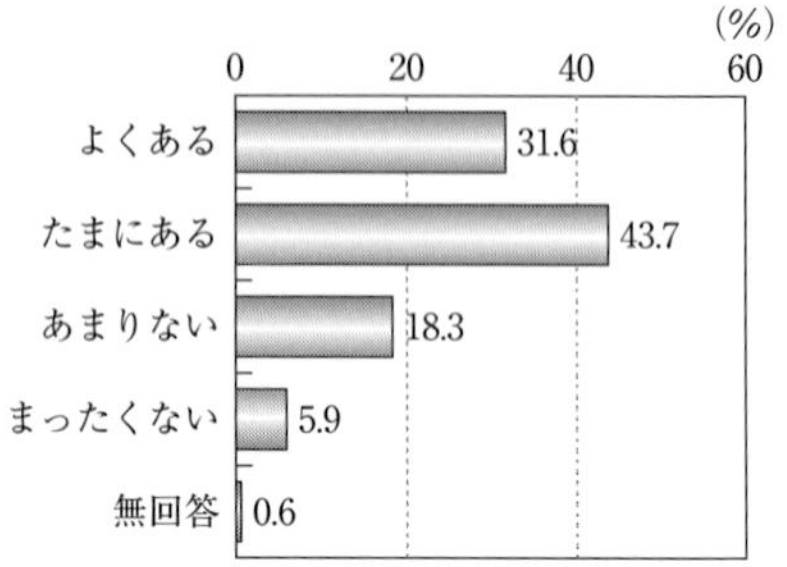

図13　わが子の悩みごと
……［中高生保護者］　n =431

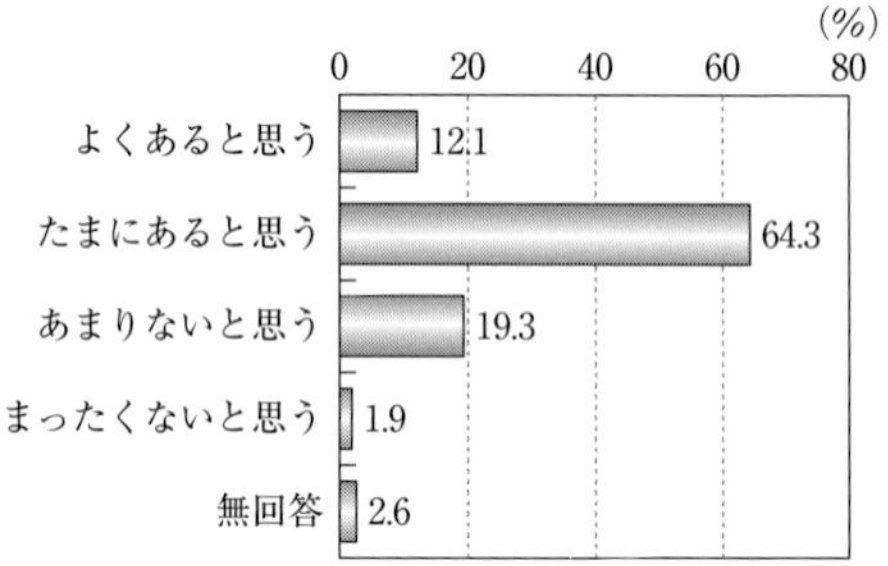

のは、アンケートで明らかになった親子間の意識の「ズレ」です。興味深いものがあります。

まず、**図12**と**図13**を見比べてください。悩みごとが「よくある（と思う）」と「たまにある（と思う）」を足した比率は中高生・中高生保護者ともほぼ同率（七五・三%と七六・四%）なのですが、「よくあると思う」親（一二・一%）に対し、「よくある」子はその三倍近く（三一・六%）もいるのです。親が考えている以上に、子どもは悩んでいるということでしょう――「子の心、親知らず」。もっとも、ここにデータはありませんが、逆もいえるような気がしますよね――「親心、子知ら

図15　わが子が悩んでいると感じること
……［中高生保護者］　n＝412

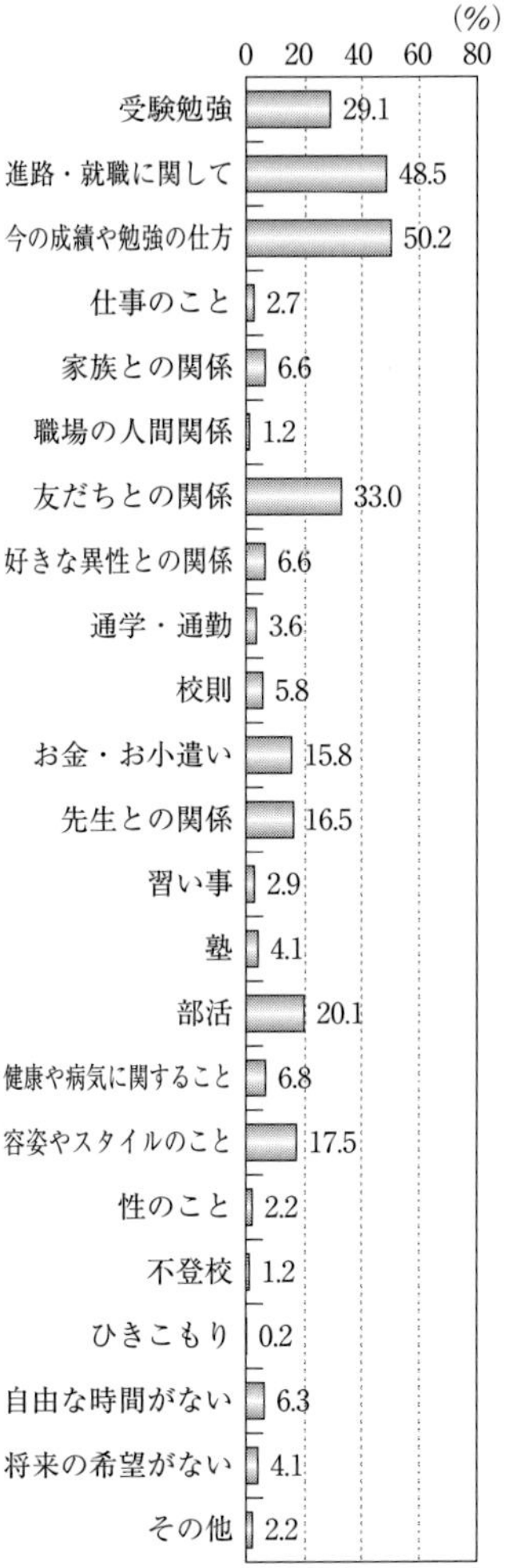

図14　悩んでいること
……［中高生］　n＝302

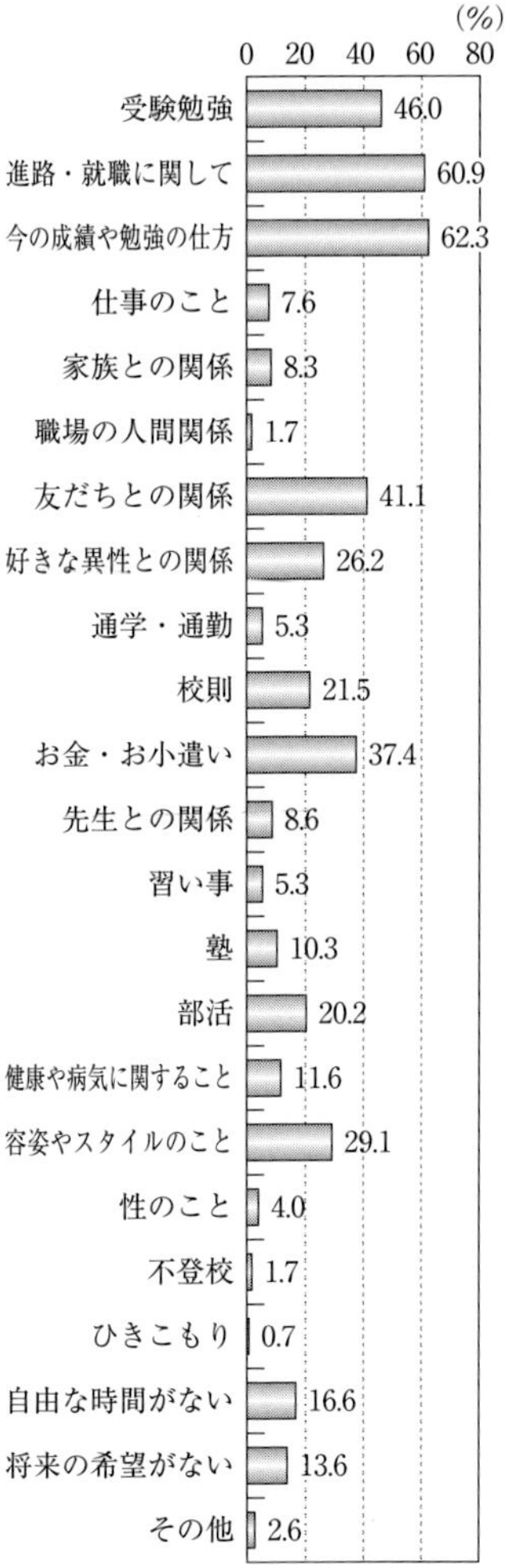

ず」。

悩み（と感じること）を具体的に聞いたのが**図14**と**図15**です。ここにもズレがあります。親・子ともに悩みのトップ4は、①今の成績や勉強の仕方、②進路・就職に関して、③受験勉強、④友だちとの人間関係、と共通ですが、比率はやはり子どものほうがかなり高いのがわかります。

それ以下の項目でも、子と親に際立った違いが認められます。「お金・お小遣い」（三七・四％⇕一五・八％）、「容姿やスタイルのこと」（二九・一％⇕一七・五％）、「好きな異性との関係」（二六・二％⇕六・六％）、「校則」（二一・五％⇕五・八％）です。「自由な時間がない」（二六・六％⇕六・三％）、「将来の希望がない」（一三・六％⇕四・一％）の差も見過ごせません。「部活」は親子とも二割でした。

さて、読者のみなさんはこれらのズレをどう読み、どう受け止めましたか？　親子間（世代間）の違いはいつの時代もあったでしょうし、親はわが子の心のなかをすべて知っておくべきだというものでもないでしょう。けれども、ナイーブな子どもの内面へのはなからの無関心や、「子どものことは親の私が一番知っている」といった思い込み・決めつけは、やはり危険です。

図16　子育てで困ったときの相談相手
……［就学前保護者］
※複数回答，上位７位まで　　　　n =1.515

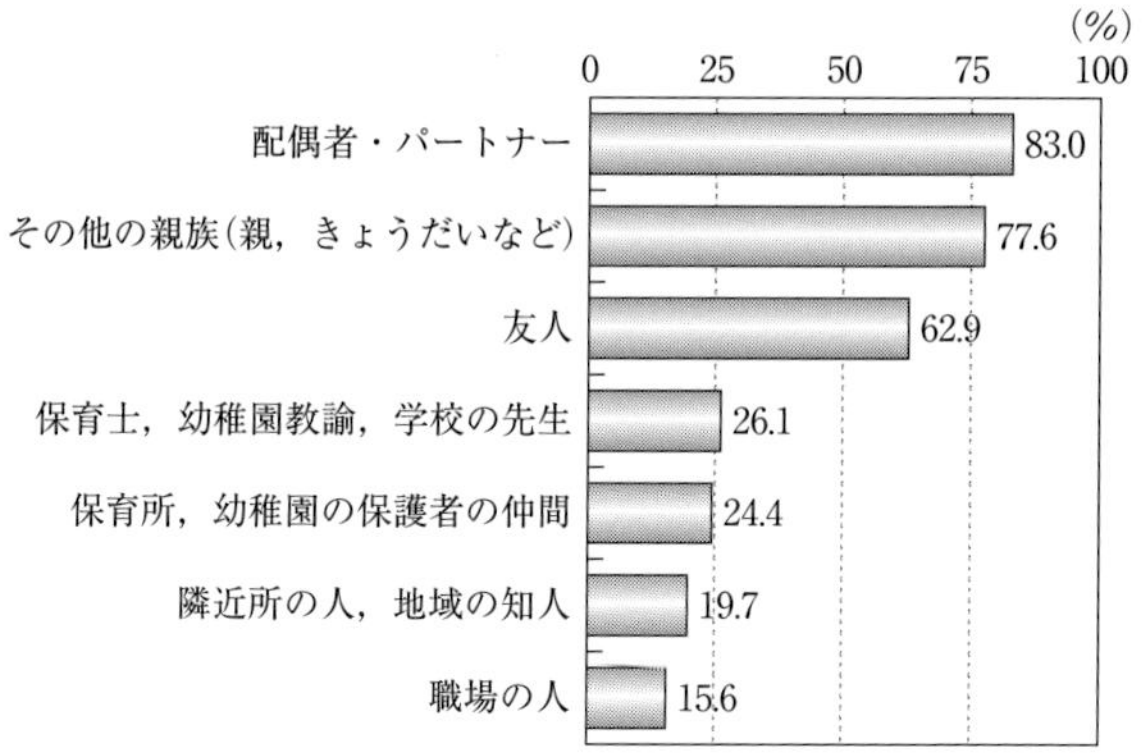

佐世保での少女殺害事件では、加害女児のいくつかの重要なシグナルを親・教師が見落としたことが指摘されています（広木克行著『手をつなぐ子育て』、かもがわ出版、二〇〇五年）。

データにあらわれた親子のギャップを即「断絶」と見なすのではなく、子どもを冷静に理解し、親のできることは何かを考えるための〈対話〉の素材として生かすのが賢明だと思います。

子育ての相談相手

「子育ての困難や悩みを誰（どこ）に相談するか」――三つのグラフ（図16・17・18）からは、まず、乳幼児・小学生・中高生〝三世代〟の親たちに共通して「配偶者・パートナー」「親・きょうだい」「友人」が三大相談相手として上

図17　子育てで困ったときの相談相手
……［小学生保護者］
※複数回答，上位７位まで　n =1.036

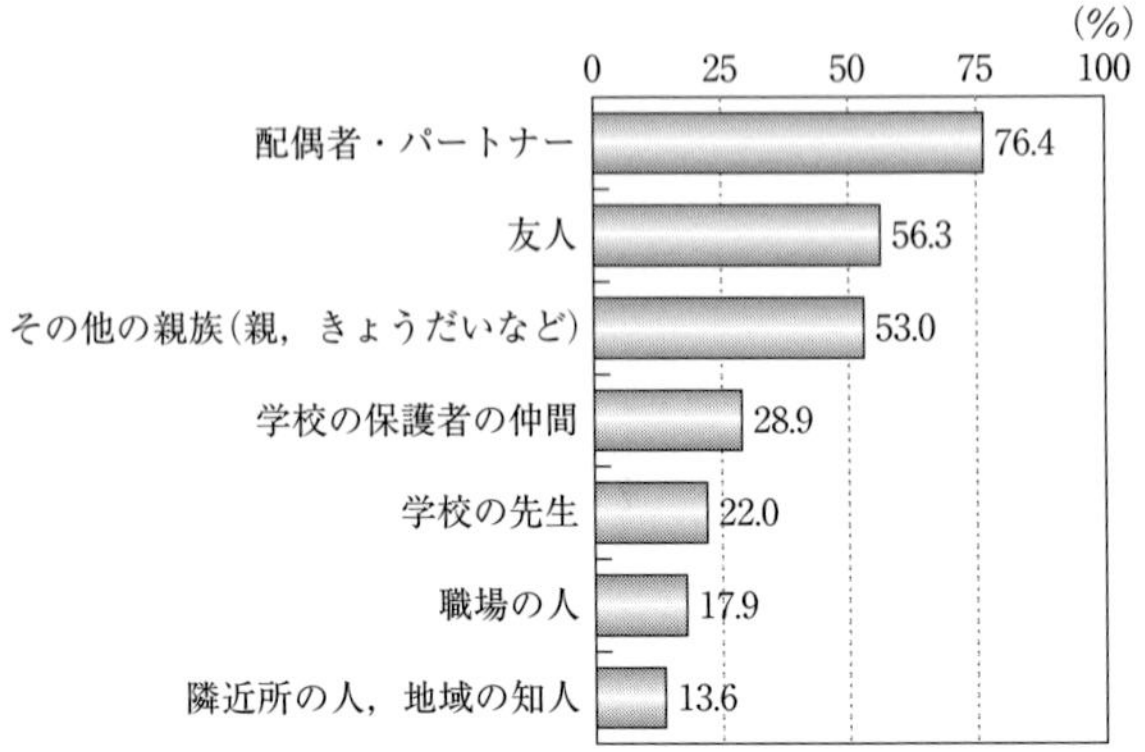

図18　子どものことでの悩みの相談相手
……［中高生保護者］
※複数回答，上位７位まで　n =366

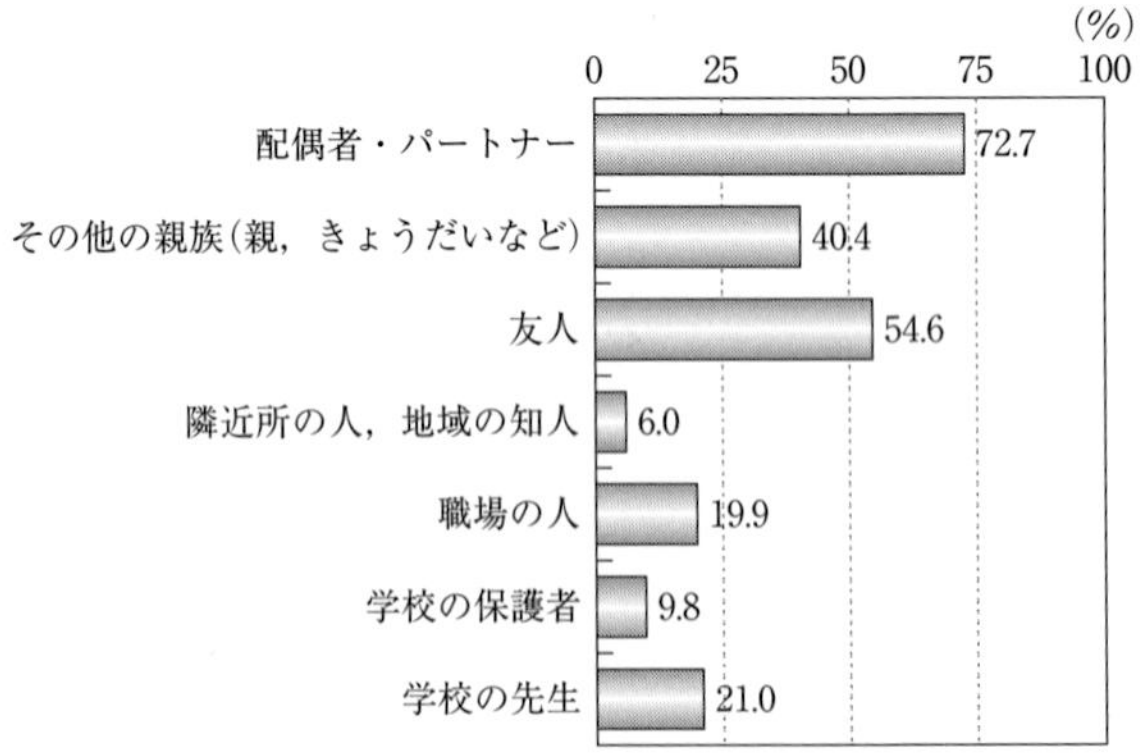

図19　相談相手の世代変化

（図16・17・18他より山下作成）

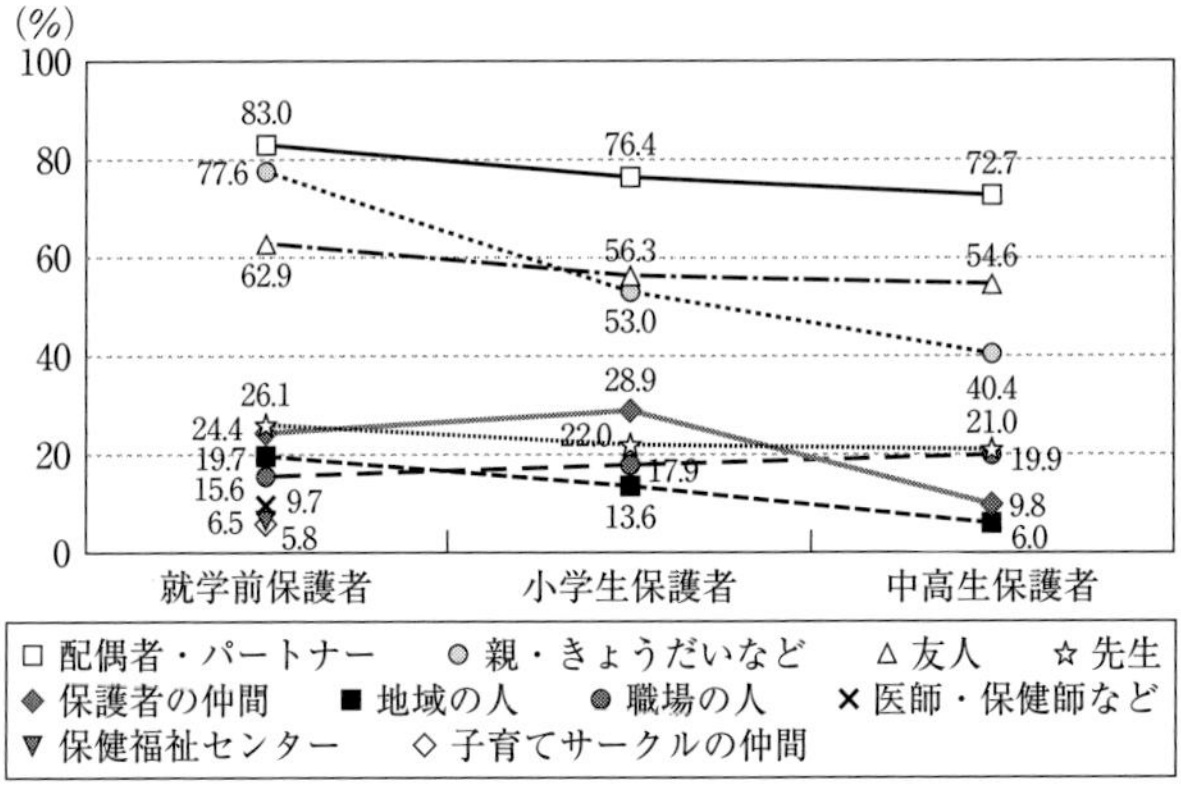

位群に位置し、ずっと離れて「先生」「保護者の仲間」「隣近所の人、地域の知人」「職場の人」が下位群をなしているという特徴が読み取れます。

次に、相談相手の三世代変化をみると（図19）、上位群では「配偶者・パートナー」と「友人」が下降しながらもそれぞれ七〜八割台、五〜六割をキープしているのに対し、「親・きょうだい」は八割近くから四割まで大きくダウンしています。下位群においては「先生」がだんだん下がり、「保護者の仲間」が小学生で増えるものの中高生で急降下、「隣近所の人、地域の知人」も目立って衰退していくのです。

なお、乳幼児期には「医師・保健師」「保健福祉センター」等の専門家（機関）や子育てサークルの仲間が第三群に（一割以下）控えています。

女性の結婚・育児と仕事／男性の家事・育児

このニーズ調査には、家事や育児をめぐるジェンダーがらみの項目もありました。そのなかから、二つの設問に対する中高生保護者の回答をみてみましょう。いずれも〈保護者本人〉についてはどうだったかという事実と、〈子ども〉にはどうあってほしいかという希望をセットでたずねています。

図20は、女性の結婚・出産と仕事についてです。結婚をきっかけに仕事をやめ、専業主婦になった女性はある程度存在しますが（一四・二％）、わが子やそのパートナーにそう望む親はほとんどいなくなっています（二・三％）。

親世代で最も多かったのは、「結婚後も仕事を続ける」が出産・育児でいったん離職し、「育児が一段落した後、再び働く」、いわゆるM字型カーブの就労パターンです（四人に一人）。しかも、このかたちをわが子にも望む親が最も多いのです（四割近く）。〈仕事〉も〈結婚・出産・育児〉のいずれをも大事にしたいが、それぞれが一筋縄ではいかないので割り切って…という考えのあらわれかも知れません。しかし、この働き方だとキャリア上のハンディが避けられないし、何よりも再就労がはたして可能かというリスクが立ちはだかっているのも事実でしょう。

「結婚し出産しても、働き続ける」のは、親の経験と子への希望のいずれでも手堅い比率となっていますが（一六〜一七％）、育児休業がまだまだ取りにくい日本の現状では、ジレンマと苦渋含みの選択なのではと想像してしまいます。

いずれにせよ、**図20**には全体として現実と理想の間で悩む親たちの姿が見え隠れしているようです。

それに対し**図21**の結果には、正直、「それはないのでは？」とちょっと落胆させられます。一言でいって、家庭内の家事分担における男女平等を、〝自分はできなかったが、わが子には期待します〟という態度に読めるからです。〝問題の先送り〟といわれても仕方ないのではないでしょうか。

「子は親の言うようにではなく、するようにする」という格言があります。古いものを打ち破り未来に幸せを築くには、やはり〝今日のたたかい〟が欠かせないのではないかと思います。

以上、六つのテーマにしぼって「ニーズ調査」から興味深い結果をみてきましたが、こ

図20　女性の仕事について

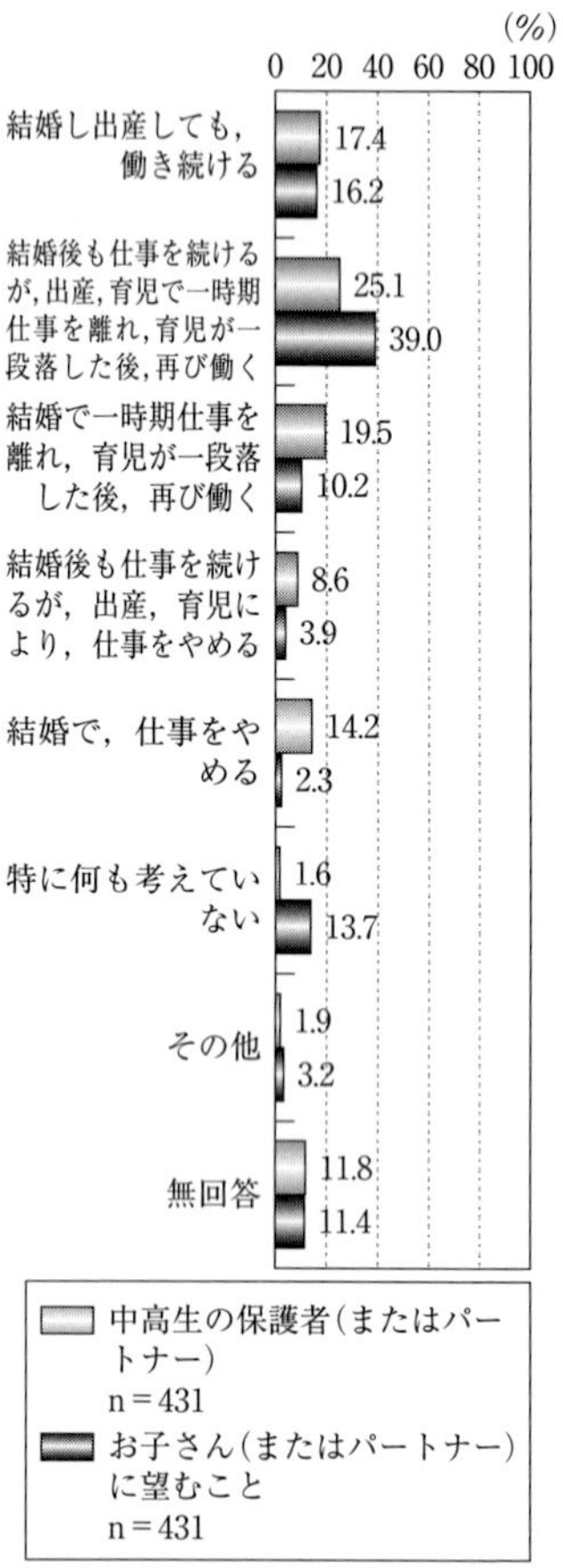
(%)
0 20 40 60 80 100
結婚し出産しても，働き続ける
17.4
16.2
結婚後も仕事を続けるが，出産，育児で一時期仕事を離れ，育児が一段落した後，再び働く
25.1
39.0
結婚で一時期仕事を離れ，育児が一段落した後，再び働く
19.5
10.2
結婚後も仕事を続けるが，出産，育児により，仕事をやめる
8.6
3.9
結婚で，仕事をやめる
14.2
2.3
特に何も考えていない
1.6
13.7
その他
1.9
3.2
無回答
11.8
11.4
中高生の保護者（またはパートナー）n＝431
お子さん（またはパートナー）に望むこと n＝431

図21　男女の家庭内での役割分担

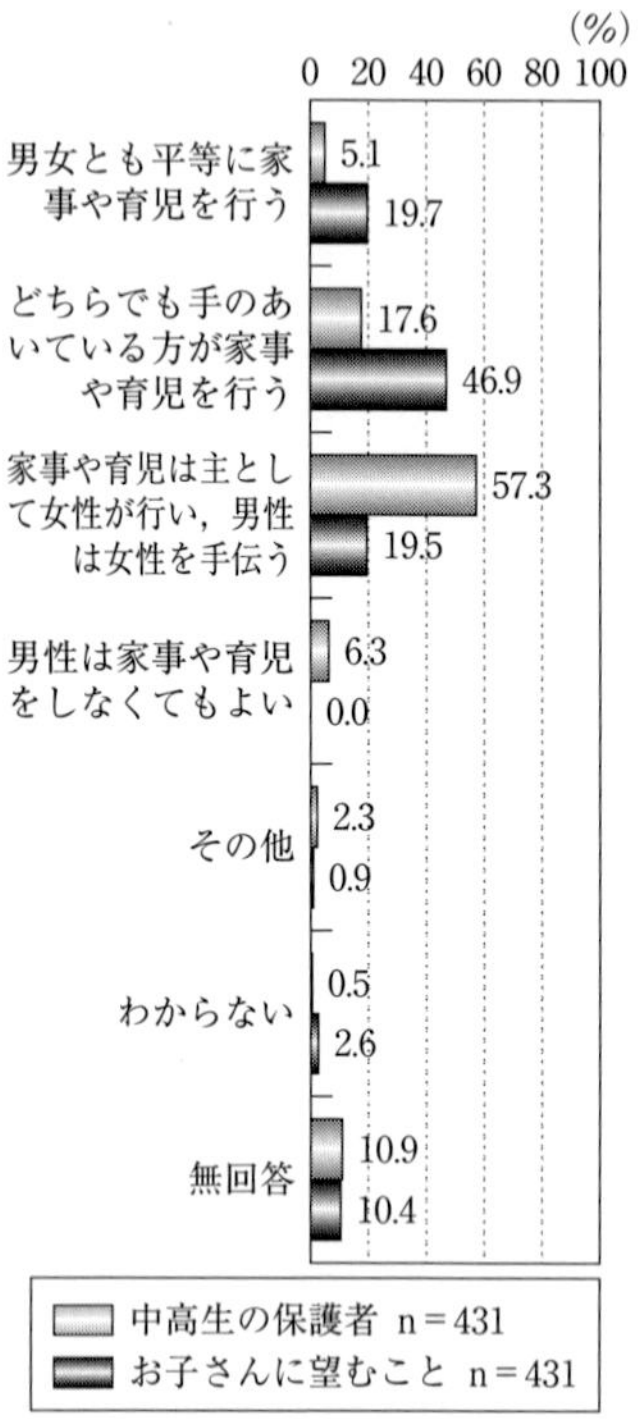
(%)
0 20 40 60 80 100
男女とも平等に家事や育児を行う
5.1
19.7
どちらでも手のあいている方が家事や育児を行う
17.6
46.9
家事や育児は主として女性が行い，男性は女性を手伝う
57.3
19.5
男性は家事や育児をしなくてもよい
6.3
0.0
その他
2.3
0.9
わからない
0.5
2.6
無回答
10.9
10.4
中高生の保護者 n＝431
お子さんに望むこと n＝431

れらをふまえた実効ある次世代・子育て支援とはどういうものでしょうか。

その第一は、乳幼児期の子育てに最初の困難が大きく立ちはだかっているのは事実であり、その対応が急務であるとしても、そこにとどまってはならないということです。少年少女期・思春期・青年期それぞれの危機まで見通した〈交流とネットワーク〉が本流になるべきだと思います。

第二は、比較的合意の形成しやすい「子育て」のみならず「教育」というさまざまな政策的矛盾や論争的問題をかかえた領域まで踏み込み、また「文化」というひろがりのなかで考えることぬきに真の支援はないということです。

第三に、「支援」が子ども・父母・教師たちの〈権利〉や〈共同〉や〈参加〉を根本的かつ丁寧に追求することなく、一方的な〝弱者救済〟、安上がりな〝相互支援〟、表面的な〝行政と市民の協働〟に矮小化されてはなりません。行政の責任と役割を問いつづけ、明らかにすることが必要です。

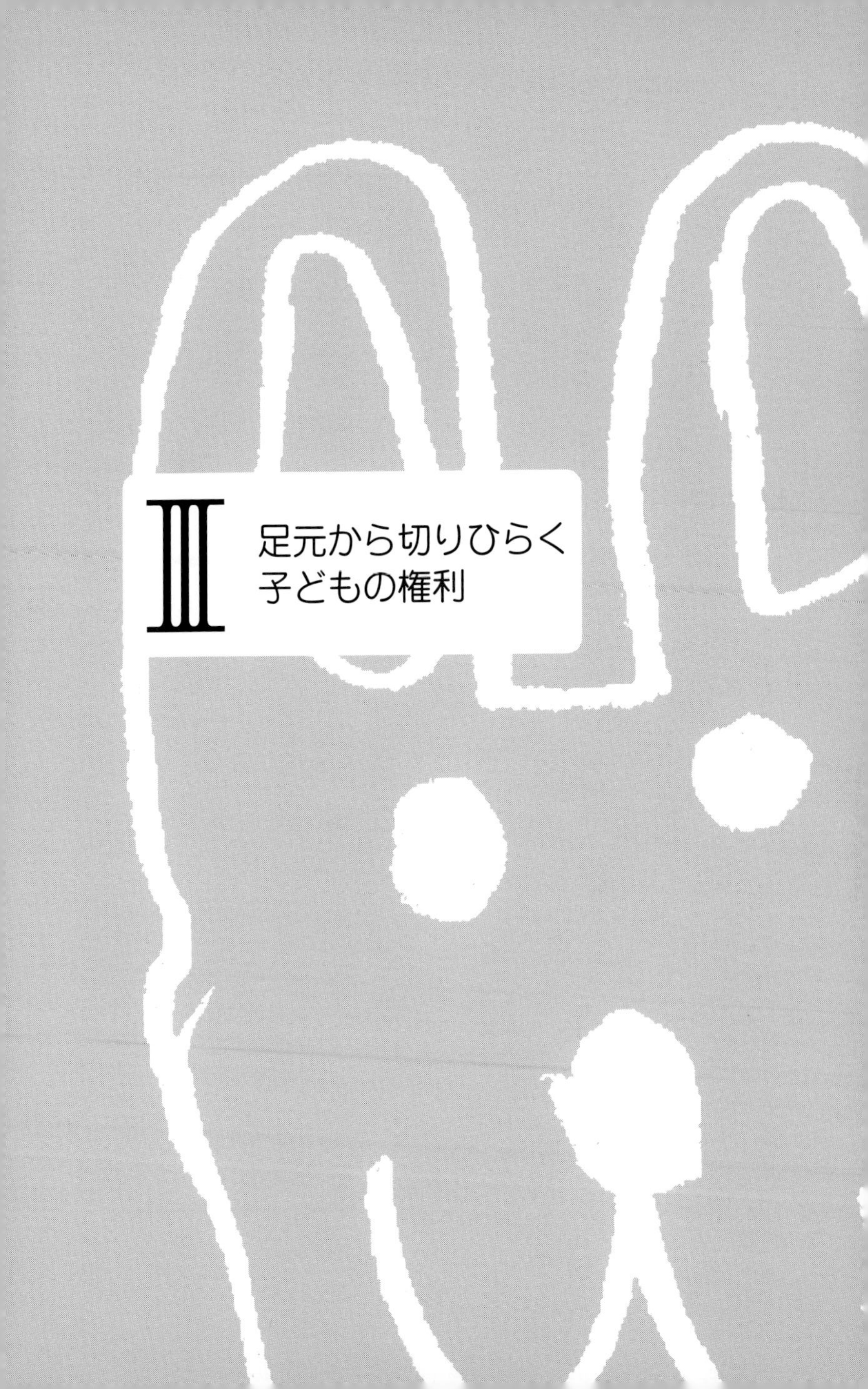

Ⅲ　足元から切りひらく子どもの権利

1　子どもの権利ってなーに？

1　「指導」を見直すヒントに

「わが子の気持ちが分からない」「生徒が言うことを聞かない」「中高生が公園にたむろして困る」――。子育てや教育には、不安や悩みがつきません。学校や家庭ではいじめや体罰・虐待など、深刻な子どもの人権問題も起きています。

子育てに悩む私たちが自信を取り戻し、いじめなどの問題を克服するのに「子どもの権利条約」がヒントになります。「子どもの権利？　これ以上、子どものわがままを助長してどうする！」と抵抗を感じる人もいるかもしれませんが。

しかし、子どもの気持ちが分からないと戸惑っている親御さんは、子どもにもプライバシーの権利や内面の自由があることを認めて向き合えば、むしろ楽になるでしょう。言うことを聞かない生徒にイライラしている先生は、子どもの意見表明権や自己選択権をふまえた上で「指導」を見直せば、違う方法が見えてきます。たむろする中高生に頭を悩ます地域の大人は、彼らを、同じまちに住む市民と考え、彼らの居場所がこのまちにあるだろうか、と発想を転換してみてください。きっと、監視や排除ではない共生の道が開けてくるはずです。

子どもの権利条約は一九八九年に国連で採択され、五年後に日本も批准しました。私はこの条約の役立て方を、具体例をあげながら語っていきたいと思います。

2　「子どものくせに」って言わないで

子どもの権利条約は世界の約束。それがわざわざつくられたのは、やはりまだ、目の前に子どもの生命や尊厳が侵されがちな現実があるからです。条約は前文と五四条からなります。この節では、大事なポイントをいくつかに絞って取り上げます。

条約については、「恵まれた日本の子どもには関係ないよ」という意見もあります。しかし、豊かなこの日本にも、子どもに対する差別は残っています。

学生たちに過去の悔しかった経験を尋ねると、出るわ出るわ。その例は枚挙にいとまがありません。「子どものくせに口答えするな」「子どもだから、お子さまランチでいいでしょ」「おもちゃを買ったら不良品だったので、お店の人に言ったら聞き入れてもらえなかった。けれど、そのあと父が言いに行ったら、あっさり新品に替えてくれた」等々…。

面と向って「子どものくせに」とあからさまに言う大人は、さすがに少ないと思います。むしろ「子どもだから」という一見〝教育的配慮〟に聞こえる扱いの中に、差別が潜んでいることに注意が必要です。

子どもは大人とイコールではありません。しかし、感情もプライドも持った同じ人間としての共通項を見落としてはなりません。

3　最善の利益というモノサシ

親や先生は、子どもに向かって「これはあなたのためよ」とよく言います。しかし実際は、たとえ善意であっても、大人の都合の押しつけであることも多いのではないでしょうか。数年前、そんな大人の口癖を風刺したテレビのCMがありました。買い物帰り「お母さん、うちはどうしていつも○○卵なの？」と尋ねる男の子に、お母さんが「あんたのためでしょ！」と面倒臭そうに答えるのです。

子どもの権利条約は、「子どもの最善の利益」にかなっているかどうかが大事だ、と言っています。これは、理想主義的で抽象的に聞こえる人がいるかもしれません。

しかし、目の前の子どもの問いかけや要求に対して、気まぐれでもタテマエだけでもなく「何がこの子のためになるのか」と考えることは、私たち大人がその都度解かなくてはならない〝応用問題〟なのです。

「こどもの日」を前に、知りあいの保育士さんが「近場でも一緒にゆっくり過ごし、思い出に残る連休を」と新聞に書いていました。これも「子どもの最善の利益」に合致したメッセージにほかなりません。遠出の〝子どもサービス〟でかえって生活リズムが崩れ、本当の満足感も得られないことがあるのです。

子どもの幸せは、意外と身近なところにあります。

4 意志を育てる

スウェーデン映画「ロッタちゃんのおつかい」の中に、面白いエピソードがありました。お母さんが編んでくれたセーターは首がチクチクするので気に入らないと、五歳の少女ロッタちゃんはなんと、隣家の屋根裏部屋に〝家出〟を決行したのです。

こんなとき、私たちだったら「そんなバカなことはやめなさい」「どうせ怖くなって、途中で帰ってくるにきまってるわよ」と、最初から止めたり、無理を諭《さと》したりするのではないでしょうか。

しかし、ロッタちゃんの両親は違っていました。「あら、そう？　お母さんたち寂しくなるわ」と、悲しそうな顔をするのです。興味深いシーンでした。結末は予想通り早々に帰ってくるのですが……。

大人は道理やルールを盾に、あるいは「転ばぬ先のつえ」との心配から、子どものやりたいことを「それはダメ」「甘い」と制止しがちです。それこそがしつけや教育だという考えもあります。しかし、「こうしたい」「したくない」という、子どもなりの意志を尊重し、それに付き合ってみることで、大事なものが育つ〝もう一つの選択肢〟もあるのです。もっとも現実は、どこで折り合いを付けるかという葛藤がつきものですが。

5　見直し進む　丸刈り校則

二〇〇二年六月、熊本県教育長（当時）は議会答弁で、県内の中学校に残る「丸刈り校則の見直し」を促す初めての見解を明らかにしました。遅きに失したとはいえ、歓迎すべき妥当な判断だと思います。

直接のきっかけとなったのは、丸刈りを拒否していた鹿本郡内の男子中学生が対外試合に出場できなかった問題です。熊本市内から転校した生徒が、髪を切らないことで、二〇〇二年春の卒業式に出させてもらえなかったケースもありました。このほかにも今、頭髪規制をめぐる子どもたちからの発信が相次いでいます。

校則自体には意義があるとしても、さすがに丸刈りの規定だけは「時代の進展等の中で」見直しの時期に来ており、各市町村教委に「積極的な校則の見直し」のための「仕組みづくり」を求めていく——これが教育長見解の主旨です。

身体の一部を一律に規制するのは、個人の尊厳にかかわる人権侵害にあたり、教育以前の問題です。丸刈り校則を違憲としなかった熊本地裁判決（一九八五年）も、その後の子どもの権利や男女共生の進展を踏まえて見直されるべきでしょう。

しかし、ここで思い起こしたいのは、その判決においてさえ、中学生らしさ・清潔・非行防止などを丸刈りの根拠にすることは合理性がないとされていたことです。ちなみに、判決当時八五％だった丸刈り校則を持つ県内中学校は、二〇〇二年六月現在五六％に減っています（熊本市・荒尾市などはゼロ）。

いまどきの市民感覚からも、また中学男子にのみ強いる特異な〝髪形〟という点からも、もうこれ以上、放置できません。

6 対話が問題解決のカギ

今回の丸刈り校則問題は「子どもの権利条約」の応用問題です。条約第二八条は「学校の規律は子どもの人間の尊厳に適合する方法で」と明記しています。

潮谷《しおたに》知事も条約の意見表明権を引用し、校則見直しは「押しつけ」でなく、当事者である子どもの意見を十分ふまえるべきだとの考えを示しました。

ただ、発展的な解決には留意したいポイントがいくつかあります。一つは、そもそも生徒が自由に意見を出せる学校がどれだけあるかという点。学生に尋ねると、理由にならない理由で言論を封じられた悔しい経験が山ほど出てきます。そこから広がるのは「あきらめ」です。

二つ目は、ルール（校則）には決めていいことといけないことがあるという近代的原則です。一律丸刈りといった基本的人権に抵触することは、押しつけが時代にそぐわないだけでなく、子どもたちの選択にゆだねればよいというものでもありません。

三つ目に、「子どもが自分で（みんなで）決めたことなら」という見直しの方向には、形だけの子どもの自己決定や、大人の〝抑圧〟の下で実施された多数決による、新たな管理主義が生まれてこないとも限りません。まだ楽観は禁物です。

結局、子どもと大人の間にある壁を取っ払い、常日ごろから子どもと心通わせる〈対話のすそ野〉を広げることがカギを握っています。子どもの権利尊重の教育は指導が「甘い」どころか、子どもとの対話に慣れていない大多数の大人にとって「厳しい」ものとなるでしょう。でも、私はこちらの方が指導として優れていると思っています。

7 地域に居場所を

ある新聞の投書欄で、「子どもが安全に遊べる場所が身近にない」と若い母親が訴えていました。これに対し、「遊びの安全は、自然の中で子ども自身がタテ集団と体験から学ぶもの」という年配男性の〝反論〟が載りました。

両者はそれぞれ遊びの大事な条件を指摘しているにもかかわらず、前提となる子どもの年齢層や時代認識にズレがあるため、議論がかみ合わずに終わったのは残念です。

いま、子どもの〈居場所〉はどこにあるのでしょうか。幼い子どもたちにまず必要なの

▶ **プレイパーク**
熊本市の長嶺（ながみね）プレイパーク

は、生活圏内のほんの何坪かの空間なのに、都市の経済原理はそんな〈小さな住民〉の権利など顧慮しません。たとえ空地があっても、冷たい「立ち入り禁止」の看板と金網で囲ってしまいます（本書170－172頁参照）。

「よい子は道路で遊ばない」というけれど、昔はよい子も悪い子も路地裏や街角で遊んでいました。生活道路にクルマが間断なく入り込み、子どもの命を脅かし、遊びの発生の芽を摘んでいます。クルマ社会にこそ制限が必要です。「プレイパーク」（冒険遊び場）や「商店街で忍者修行」などの取り組みが広がってきたのは、〈子どもの世界〉再生に向けた明るい兆しです。こうした〝教育臭くない〟地域住民の楽しい共同が底力となるでしょう。

　青少年の健全育成というと、とかく非行対策としての「補導」に傾きがちですが、中高生が気軽に出入りし、スポーツや文化活動、学習など、個人・グループを問わず何でも自由にできる児童青少年センター「ゆう杉並」（東京）など先行自治体に学び、子どもたちの新しい居場所づくりに踏み出すときです。

8 指導の落とし穴

知人の娘さん、小学六年生のAちゃんが書いた詩をコンクールに出品するため、担任の先生が次のように添削指導しました。「心の汚れた大人」と題されたもとの詩はこうでした。

「五十年も前の事件／水俣病の原因を／『公表するな』と言った人／そのせいで／苦しむ人がまた増えた／半世紀たった今も／からだの痛みはいやされても／心の痛みはいやされない／この事件だけじゃない／（※）苦しむ人も／悲しむ人も／世界中にたくさんいる／心の汚れた大人／そんな大人が許せない／そんな大人になりたくない」

指導によって、後半（※以下）が次のように変わりました。

「苦しむ人／悲しむ人／いろんな人が世界中に／たくさんいる／そんな人を救いたい／何か手助けしたい／住みよいくらしのために／平和なくらしのために／みんなが

仲よくくらせるために／笑顔で毎日を過ごせるために」

善意と教育的配慮から先生が〃助言〃されたことは、疑いません。でも私は、指導の範囲を逸脱していて間違いだと思います。先生にはA子ちゃんの子どもらしい正義感が〃過激〃に映ったのでしょうが、A子ちゃんはそう思ったのですし、だから書いたのです。

大人から見てどんなに未熟でも粗削りでも、その子の〈表現〉と、そこに込められた〈思い〉を受け止め生かすこと（子どもの権利条約第十三条、第十四条）。それはコンクールに入賞することより大事なのではないでしょうか。「これは、もう私の作品ではない」とA子ちゃんは感じています。

9　「子ども市民」とつくるまち

沖縄県東海岸の半島部に位置する勝連《かつれん》町の文化ホールで、子どもたちが演ずる組み踊り「肝高の阿麻和利（きむたかのあまわり）」を見て、圧倒されました。組み踊りとは、台詞・歌・踊りからなる沖縄の伝統的な劇のスタイルです。

演出は、二〇〇〇年、ホールのオープンとともに三二歳の若さで館長に抜てきされた詩人の平田大一さん。一五世紀の勝連城を舞台に、城主・阿麻和利の誕生から首里王府による滅亡までの歴史が、新しい解釈でよみがえります。

教育委員会のよびかけで始まったこの画期的な取り組みは、「大人と子どもでおこすまちづくり」事業です。演ずる地元の小・中・高校生一人ひとりの表情と躍動がまぶしくて、最前列にいた私の胸はいっぱいになりました。今や町も県も超えて、その評判が広がっている理由が分かります。独特の集団舞踊「エイサー」が若者に受け継がれている沖縄ならではの試みだと言えるでしょう。

「古いものは、新しい」と、平田さんは言いました。この社会の真の主人公は、とってつけたような仕掛けや一方的な教育からは生まれません。子どもも「市民」であり大人の「パートナー」だという「子どもの権利条約」の新しい子ども観も、そうした深い歴史・文化・地域の捉え方のもとでこそ、本物になるのだと思います。

子どもの権利について考えることは、私たちの社会や生き方について考えることです。この一連のエッセイが、「大人と子どものいい関係」をつくるきっかけになれば幸いです。

写真提供　藤本一治氏

2　国際舞台で日本の子どもの権利をみる

——国連・子どもの権利委員会による第一回日本政府報告審査と「勧告」の意義

1　権利条約の最前線と源流を訪ねて

——ジュネーブからアウシュビッツまで

一九九八年の五月二六日から六月三日にかけて、「子どもの権利条約　市民・NGO報告書をつくる会」（以下、「つくる会」）が呼びかけた、国連・子どもの権利委員会を傍聴し、コルチャック先生の足跡をたどるツアーに参加しました。

メインは何といっても、スイスのジュネーブにある国連欧州本部で開かれる「子どもの権利条約」についての日本政府報告（一九九六年五月提出）の審査に立ち会うことです。それは、私の所属する「少年少女組織を育てる全国センター」（当時、現在は少年少女センター全国ネットワーク）もそのメンバーである「つくる会」が取り組んだ〝もう一つの報告書〟（一九九七年七月）の成果を見届けることでもありました。

旅の後半のポーランドでは、〝権利条約の父〟コルチャック医師が実践した「子どもの家」に、またアウシュビッツに遺された幼い子どもたちの生々しい衣服に〈子どもに平和を〉と問いかける条約の原点を見た思いです。

いわば、条約の〝最前線〟と〝源流〟を訪ねるこの旅で得たものは予想以上でした。ここでは、国連審査の様子と、その結果である最終所見（勧告）に的をしぼって報告したいと思います。

（注）国連による審査と勧告は二〇〇四年一月に第二回を終え、二〇〇六年一月、第三回に向け日本国内では新たな「つくる会」が立ち上がりました。

条約をめぐる状況もこれを生かす力も日々発展していますが、第一回で提起された審査・勧告の基本的視点はひきつづき有効だと考え、ここにご紹介します。

2

熱気あふれる委員会審議

——鋭い質問、冗長な回答

一九九八年の「子どもの権利委員会」第一八会期に、日本政府は赤尾信敏特命全権大使（在ジュネーブ日本政府代表部）を団長とし、外務・文部・法務・厚生の四省と総務・警察の二庁から計一五名の代表団を送り込みました（省庁の名称はいずれも当時）。

ほとんどが男性（発言者はすべて）という構成は、いきなり違和感を与えたようです。「なぜ女性が少ないのか?」という議長の質問に、団長は「偶然の一致」だと答えていましたが、説得力はありません。「この次は、ぜひ男女半々で」と言われていました。

一方、委員会の側は一〇名のフルメンバーのうち、カープ（イスラエル／今回の議長）、パルメ（スウェーデン）、サーデンバーグ（ブラジル）、ウエドラーゴ（ブルキナファソ）、フルチ（イタリア）、コロソフ（ロシア）、ラバー（レバノン）の諸氏七名の出席がありました。前者四名は女性です。

二日間、のべ九時間にわたる審査は、手に汗にぎる緊張感と熱気に包まれました。それを生み出した主要因が、各委員のよく準備された鋭い質問にあったのは間違いありません。同時に、議場を埋め尽くした約一二〇人のうち半数が、日本のＮＧＯを中心とする傍聴者で占められたことも特筆すべきです。熱い視線が一つひとつの質疑応答に注がれました。

残念ながら、政府代表団の回答は、委員側とは対照的に、終始、国会答弁と変わらぬ（？）冗長で要領を得ないものでした。条約に対する従来の政府の姿勢を遵守すべく、言葉を不用意に足しも減らしもしないよう、全神経を集中しているように見えました。冒頭、カープ議長は代表団との建設的な「対話」を期待したのですが、それは見事に裏切られたかっこうです。

政府代表団の答弁の大半が法律や制度の説明に費やされることに、委員たちはうんざりし、「私たちは政府からの文書による報告・回答は、あらかじめすべて読んでいますから、それを繰り返さないでください」と何度か〝注意〟される場面もありました。女性の委員数人が、すぐ後ろに座っている日本人の私たちに、「まいったわね」という表情でウィンクしたのも、頭に焼きついています。

審議全体を傍聴して私が確信したことの第一は、権利委員（会）の見識とモラルの高さであり、第二は条約に対する日本政府の責任感と意欲の欠如であり、第三には私たちＮＧ

Oの努力が着実に国連をも動かしつつあるということです。どういうことか——以下、具体的な内容に即して説明してみます。

3　条約を生きた「道具」として「使う」こと

ご存知のように、審査の直後、権利委員会から日本政府に発せられた最終所見は、予想通りまことに厳しいものでした。

全体は大きく「肯定的要素」三項目と、「主たる懸念事項」「提案と勧告」——それぞれほぼ対応する二二項目——からなっています。つまり、批准後の政府の取り組みで評価されたのは「子ども国会」の開催などわずか三つで、二二ものマイナス点＝注文がつけられたわけです。合格点にはほど遠い結果と言わねばなりません。

審査・所見のいずれにおいても、取り上げられた問題点は多岐にわたります。少年司法における子どもへの対応、非摘出子への差別、少数民族・外国人の子どもの人権、障害児の教育、テレビの影響、父親の子育て参加等々……権利条約が包括する対象の広さゆえです。本節では、とくに子育てや教育にかかわる四つの重要な基本的視点に目をむけたいと思います。

その第一は、カープ議長が審議をまとめて述べた次のような条約の実践的性格です。——「権利条約は、単なる情報や書類ではありません。道具として使っていくべきものです。毎日の生活の中で、子どもたちが体験できなくてはいけません」。政府報告には、そうした精神が欠けています。審査でも勧告でも、概してデータ・指標・評価の不足が指摘されていますが、その根底にあるのは、批准はしても条約を「使う」必要なしという政府の一貫した姿勢です。委員たちが求めた条約実現への「挑戦的」な取り組みは望むべくもありません。

4　権利主体・市民としての子ども観と意見表明権

第二は、権利の行使主体、言いかえれば市民としての新しい子ども観が条約の特質中の特質だということです。

そのことを、委員たちは審査のさまざまな場面で強調していました。この子ども観への転換が日本政府には欠落しているのです。

「条約が権利の完全な主体としての子どもという観念を重要視していることを、社会のすべての部分に、子どもと大人の間でも同様に、広め促進するために取られた措置が不十分である」（傍点、引用者）と最終所見は政府に懸念を表明し、教育・研修・広報などの取り組みを勧告しています（第十一項および第三十三項）。

権利主体・市民としての子ども観は、日本の児童福祉法や児童憲章のいう「愛護」「保護」の対象としての子ども観の〝延長線上〟にはないのです。〝現行法で間に合う〟という政府の考えは改められねばなりません。そして、この画期的な子ども観を具体化する不可欠の条件が、条約第十二条に明記された子どもの意見表明権です。

私が聴き取った委員会の認識はこうです。――「子どもの最善の利益」は、子どもの意見表明権や参加権を保証してはじめて実現可能となる。日本の学校はそうした点で制約的だし、子どもの見方もネガティブだ。意見表明も、日本政府が言うように「その機会がある」というだけでは不十分。子どもの「ねがい」を直接聞くことが期待され必要とされなくてはならない。子どもとの対話をふやしていくこと。また、子どもの参加にむけた研修（トレーニングプログラム）・広報・制度化を徹底すべきである。

権利主体としての子どもの意見をきちんと保証することは、より高い次元での「保護」

と「教育」を意味します。それは、どこまでも「子どもの最善の利益」が基本原理だということであり、「保護」「教育」の対象としての子ども観があってしかる後に「権利主体」としての子ども観を、という段階論は誤りだということです。この認識は、「少年法」をめぐる議論でも有効ではないかと思います。〈保護か自己責任か〉の単純な二元論は要注意です。

5 条約履行をサボっている政府
――「子どもオンブズパーソン」が必要

第三は、条約履行主体の問題です。

権利条約を担う機関はどこかと尋ねられ、政府は中央レベルでは「総務庁青少年対策推進会議」をあげ、地方自治体には「子どもの人権専門委員」制度があると答えていましたが、国連の権利委員会はこれに疑義を呈しています。すなわち、「推進会議」は権限が限定され、とられた措置も不十分だとして、「子どもに関する包括的な政策を発展させ、条約実施の効果的な監視および評価を確保するために、国・地方双方のレベルで子どもの権利に関するさまざまな政府機関の調整を強化するよう」勧告したのです（所見第八項および第三〇項）。

同じく、「子どもの人権専門委員」制度についても、政府からの独立や効果的な監視、権限の点で問題がある。「現在の制度を改良・拡大するか、『オンブズパーソン』もしくは『子どもの権利委員』を創設することによって、独立した監視機構を確立するための必要な措置をとるよう」勧告しました（所見第一〇項および第三十二項）。

これらは、批准国にふさわしくない〝やる気のなさ〟を見破られたものといえるでしょう。傍聴して感じた日本政府の無責任さとはこのことです。国の『青少年白書』（平成九年度版、総務庁青少年対策本部編）には「子どもの権利条約」という単語すら見つけ出すことはできません。代表団のいう「青少年対策推進会議」や「子どもの人権専門委員」の解説中にさえもです。日本政府にとって権利条約など根っから眼中にないか、意識的に無視し続けているとしか考えられません。わが国の青少年政策が、「非行対策」の域を一歩も出ない、上からの権力的「対策」であることが、ますますはっきりしました。

もちろん、自治体レベルでは条約を正面から受けとめ、その実行に努めているところもありますが、全体としてはまだまだです。私は、子どもと教育のさまざまな問題に総合的かつ具体的に対応すべく、市民・NGO・民間の側から「子どもオンブズパーソン」を立ち上げ、政府や自治体を刺激する必要があると思っています。研究者・弁護士・医師・カウンセラーなど広範な人々からなる、専門性・独立性・権限・財政的人的基盤をもったネットワークが一日も早く求められます。

6　権利委員会の的確な勧告

第四のポイントは、権利委員会が日本の教育と子どもの実態にふみこんだ、きわめて的確な分析と勧告を行ったことです。

この点は、所見発表直後から国内で反響を呼び、すでに広く知られるようになっています。

そこでは、日本の子どもたちが「極度に競争的な教育制度のストレスにさらされ、またその結果として余暇・運動・休息が欠如していることによって、発達障害にさらされていること」「不登校の数が膨大であること」、さらに「(違法な) 体罰が幅広く行なわれていることや生徒間のいじめが多数存在すること」が懸念され、それらを克服するための「適切な措置」や「包括的なプログラム」の開発・実施・監視が勧告されているのです（所見第二十二項・二十四項および第四十三・四十五項）。

審査では、かえってゆとりを奪っている学校五日制の現実や子どもの校外生活まで縛る校則、学習指導要領や教科書検定に見られる国家統制、教育費の高騰なども取り上げられました。教育の専門家がいない権利委員会に、ここまでの認識をもたらした主要因が、日本政府の報告書に対してカウンター・レポート（対抗的報告）を提出したNGOの努力にあるのは間違いないでしょう（実際、委員の何人もから感謝されました）。条約第三十一条の余暇や休息・遊びの権利の問題にまで及んだことに、基礎レポートでこの点に心をくだいた私も安堵と満足をおぼえています。

7　高校生のプレゼンテーションとマスコミ報道

審査への日本からの傍聴者には十数人の高校生が含まれていました。支援カンパで渡航し、ジュネーブでは自炊しながらの滞在だったようです。そのうち、北海道・東京・京都の三人の女子高生が、審査委員会に合わせて会場でプレゼンテーション（意見発表）をしました。

彼女らは、限られた時間の中で緊張しながらも、委員たちの前で、「まだまだ条約が子どもを救えない現実がある」「条約には意見表明権だけでなく『自己決定権』も盛り込むべきだ」「権利委員会のメンバーに子どもも加えて」「ＮＧＯの大人の支えがあればこそ」などと、それぞれの体験にもとづいてパンチのある報告をしたのです。

驚いたことに、『週刊文春』（六月一八日号）をはじめ一部マスコミは、事実を歪め彼女たちを（実名もあげて）揶揄《やゆ》・中傷する記事を書きました。「『制服廃止』を訴えて国連に叱られた日本の甘ったれ高校生」というタイトルで。

内容広告の見出しだけで「そんなことがあったのか」と信じた父母や、「やっぱり、制服自由化など国際的にも通用しないんだ」と記事を教室で〝利用〟した教師がいたなど、間違った報道の影響は小さくありません。

三人の高校生たちは、「制服廃止」を訴えたわけでも国連委員に「叱られた」わけでもなく、まして「甘ったれ」てなどいませんでした。

傍聴団の一人は、この四ページの記事に四四カ所もある誤りや捏造《ねつぞう》を指摘しています。ここでは、そうした点をいちいち取り上げる余裕はありません。プレゼンテーションを聞いた委員たちの、次のようなコメントを紹介するだけで十分でしょう。

「あなた方の話は大変感動に満ちていました。しかし、事態はそんなに悪くないと思います。少なくともあなた方三人は国際社会の面前で意見表明する機会がもてて、大変幸せでした。」（コロソフ委員）

「これは私たちとの対話の始まりです。……私たちだけでなく、ここにいる日本からの友人や日本政府とも現に対話しているのです。その人たちは、あなた方や私たちと会った後は、以前のままではありません。ちょうど、私たちがあなた方に会って変わったように」（パルメ委員）

「私は、あなた方が将来変革の途に着くのではなくて、すでに現在変革の実践の中にいるものと確信しています」（カープ議長）

「あなた方は……子どもやそのほかの人たちに条約を広める役割も果たしています。そしてこのことが変革の実践なのです。あなた方はすでに人々の態度を変革しつつあります」（サーデンバーグ委員）

どの委員も「対話」と「変革」をキーワードに高校生たちの参加を喜び、励ましているのです。これ以上の歓迎があるでしょうか。品位とやさしさと力づよさにあふれていて、深い感銘をおぼえます。

先ほど言及したマスコミの奇妙な反応は、子どもの権利など認めたくないという国内一部勢力の〝抵抗〟でもあると思います。私たちは、国連の所見に結実した下からの共同の力に確信をもって、これからも子どもたちとともに前進していきたいものです。

3　子どもの休息・余暇、遊び、文化・芸術への権利

――国連への第二回市民NGO報告書より

＊増山均氏（早稲田大学教授）との共同執筆

1　第三十一条からみた日本の子どもの実態（概観と特徴）

ニューメディアの普及と「消費者としての子ども」

日本社会における子どもを取り巻く商品文化の環境は、国際的にも特殊な環境といえるでしょう。日本のバブル経済がはじけ、不況のさなかにあっても、日本の「豊かさ」は子どもを巻き込んでいっそう拡大しています。

その象徴の一つが、ニューメディアとしての「ケータイ」（携帯電話）だと思われます。

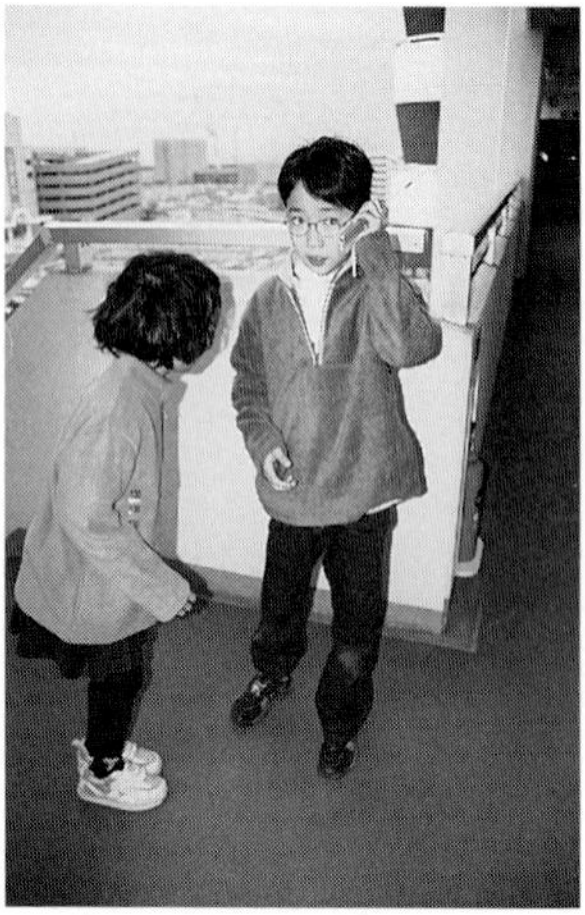

▶子どもとケータイ…フツーの風景になりつつあります

前回の市民ＮＧＯ報告書以降、ケータイは子どもたちの間にひろく浸透し、各種調査によると高校生の七割、中学生の三割、小学校高学年の二割程度がこれをもっており、その割合はさらに増加し続けています。一〇代の所持利用率の高さは国際的にみても、例外的な日本的特徴だといわれます（『子ども白書２００２』日本子どもを守る会編、草土文化）。こうした現象の背景に、一九九〇年代後半から急伸し九九年度にはついに固定電話を上回った移動電話（ケータイ・ＰＨＳ）の急激な普及があることは間違いありません。とくにケータイにメール機能が加わったことが爆発的なブームにつながりました。しかし、ケータイとメールは、その便利さと引きかえに子どもを犠牲にするさまざまな問題をはらむことが指摘されています。

第一に、ケータイは子どもたちの孤独と淋しさを癒し、友人との新しいコミュニケーションの世界をつくり出す一方、「出会い系サイト」が児童買春を含む性犯罪の温床になるなど、家庭を突き破って社会悪が直通で子どもを犠牲にする回路も用意したのです。第二に、最低でも五千円、使い過ぎると一～二万円にもなる通話料は、明らかに子どものこづかいの範囲をこえています。子どもの健全な成長に対する社会的責任とモラルを投げ捨て、ビジネスチャンスとしての「子ども市場」の開拓に血道をあげている企業の姿勢が問われなければなりません。第三は、電磁波被曝の危険が指摘されている健康上の問題であり、とりわけ子どもたちへの影響が懸念されています。

日本の子どもの生活を考えるとき、子どもの権利条約第三十一条（休息・余暇、遊び、文化・芸術的生活への参加）にかかわって、このケータイから見えてくる問題を無視することはできません。子どもの生命と生活を守るための社会的規制や、子どもも参加しての新しい消費者教育とメディアリテラシーが必要なのです。

「子どもに与える文化」の肥大化と「子どもがつくる文化」の衰弱

ニューメディアといえば、テレビゲーム・CD・コミックなども依然として子どもに影響力をもっていますが、ピークは過ぎ、売り上げも停滞傾向にあるといわれます。しかし、ここにきてあらためて問題とされているのが、テレビを中心とする〈メディア接触時間〉の増加傾向なのです。

二〇〇〇年に生まれた第三者機関「放送と青少年に関する委員会」の調査によれば、平日のテレビ視聴時間は、小学校五年生の場合、三時間以上が男子五〇%・女子五六%、四時間以上が男子二三%・女子三〇%とたいへん長い。テレビゲームやビデオなども含めると、メディア接触時間が平日でも六時間を超える子どもたちが相当いると推測されます。別の調査では、九〇年代にくらべ、近年テレビ視聴時間が増加していることが示されています。乳幼児期からテレビ・ビデオを見せる「テレビ育児症候群」の危険も指摘しておかなくてはなりません。専門家は、子どもの情緒やことば・コミュニケーションの発達に重大な障害をもたらしていると、このような傾向に強い警告を発しているのです。

日本の子どもたちをめぐるこうした遊び・文化・生活の今日的状況は、一言でいえば「子どもに与える文化」の肥大化と呼ぶことができるでしょう。複数の商品とメディアが結合して子どもの購買欲を次々と刺激する「メディアミックス」の影響力も無視できません。子どもたちは、そうした商品のとりこになり、「遊ばされる」受身の存在を強いられているのです。それらが子どもたちを直接的なモノやヒトとのかかわりから遊離させ、現実感覚をマヒさせる「ヴァーチャル・リアリティー」拡大の問題も懸念されています。

もちろん、ここに至るにはいくつかの歴史的段階がありました。まず、一九六〇年代からのわが国の高度経済成長と地域開発とクルマ社会が子どもたちから自然や遊び場を奪いました。時を同じくして家庭に普及したテレビが子どもをクギづけにし、外遊びが減少していきました。さらにその後の受験教育の過熱と塾・おけいこごと通いが、子どもの時間と遊び仲間を解体していったのです。

そして子どもたちは今や、ダイナミックな外遊びでつちかわれるはずの動物的な活力や体力をギリギリまで奪われ、人間的なつながりを断たれた危機的状況のもとで、与えられた（買わされた）遊びの世界に押し込められている究極の権利侵害に直面しているとみることができます。「ゆとり」を標榜して「学校五日制」は完全実施されましたが、それに見合う遊び場や施設が整備されることはまれです。子どもたちの「居場所」は相変わらずコンビニやファーストフード店・ゲームセンター・カラオケといった有様であり、それらとてほとんどが監視と禁止の対象なのです。

子どもの自由を阻む社会と競争の教育制度がもたらすストレス、それを発散しようにもできない遊び環境の貧困さからくるストレス。日本の子どもたちは、こうした二重のストレス（サンドイッチ状態）に苦しんでいるのです。私たちは、いま本気で子どもにとって本来必要な休息と気晴らし、野性や自然、群れて遊ぶ自治的体験、労働と生産の喜び、自分たちで創る文化を、子どもの権利としてとりもどすことを考えなくてはならない時期にきているのです。

2　第二回政府報告書は間違っている

記述の誤りや実態を反映していない問題点

第二回政府報告書のなかで第三十一条に直接関係する部分は、「Ⅶ　教育、余暇及び文化的活動」の「C　余暇、レクリエーション及び文化的活動（第三十一条）」（パラグラフ二七九から二八四まで）です。

何よりもまず驚かされ奇異に感じるのは、いきなり「警察による文化的活動」という項目で書き起こされていることです。その内容は、「少年の健全育成等を図るためのスポーツ活動として、警察署の道場等を使用し、少年を対象として柔道、剣道の指導等を行っているほか、野球、ソフトボール、サッカー等の大会の開催や、環境美化活動、施設訪問等の少年の社会参加活動を実施している」であって、これらは一般に「文化的活動」でくくれる性格のものではありません。国連・子どもの権利委員会における審査で質問が出るのは必至でしょう。そもそも言葉の使用上誤りというべき範囲を超え、報告書の構成も間違えています。こうした報告をまとめた外務省のずさんな姿勢が恥ずかしく思われます。

第一回報告書では末尾に記されていた警察の活動が、今回、冒頭に躍り出るというランクアップが決して偶然ではないことに留意したい。「条約の広報」・「児童の自殺防止」（第六条関連）・「いじめ対策」（第二十八条関連）などにおいても、警察の役割が強調されているからです。子どもの人権・権利保障の一翼を、警察も担っていることはいうまでもありませんが、今回のような優先的な扱いには、この間の少年法における罰則強化、奉仕活動の義務化、問題をもつ生徒の学校からの排除を求める動きとも通ずる〈管理的子ども観〉〈懲罰的子ども観〉が横たわっていると考えざるをえません。これらは、権利条約のもつ「市民としての子ども」「大人のパートナーとしての子ども」という新しい子ども観に無理解なばかりか、従来の「保護の対象」としての子どもという子ども観からも後退したものといえるでしょう。

同時に、前回と今回の二回の政府報告書はいずれも、NGOの取り組みに関する記述がなきに等しいのみならず、政府自身が推進してきた第三十一条関連の政策も取り上げられていません。「学校週五日制」や「全国子どもプラン」などに言及することがないという不自然さ・不可解さをもっており、全国的な子どもの実態と取り組みの把握、国連勧告の受けとめにおいて、意欲と応答能力＝責任（Responsibility）が根本から問われる問題です。

第一回報告書より後退している問題点

「警察による文化活動」以下の項目は、「芸術鑑賞機会の提供」（パラ二八〇）、「文化活動の奨励」（パラ二八一）、「スポーツの振興」（パラ二八二）、「文化及びレクリエーション施設等の整備」（パラ二八三）、「児童厚生施設」（パラ二八四）と続きますが、これらは系統的な記述とは言えません。以下の「二項目だけでは第三十一条に関する日本の子どもの権利保障の実態をとらえることはできない」と、前回の市民NGO統一報告書で批判されたのですが、第一回報告書のほうが、児童福祉法や社会教育法をふまえつつ「文化及びレクリエーション施設等の整備」「文化、芸術及びレクリエーション活動の奨励」と二項目にカテゴライズして書いてあったぶん、積極的であったと言えるでしょう。

明らかに、第二回報告書は第一回報告書より大きく後退しているのです。問題は、まとめ方が簡略すぎるという形式のみならず、書かれるべきことが書かれず、条約の子ども観と条約第三十一条の精神を深めもせず、ほんのいくつかの施策をあげてお茶を濁している感が否めません。前回の報告書よりも、いくらかは前進しているだろうという期待は見事に裏切られ、「これが本当に政府の公式文書なのか」というのが率直な印象です。

第三十一条の意味を理解していない問題点

第三十一条の核心は、〈休息・余暇〉〈遊び・レクリエーション〉〈文化・芸術〉がいずれも、子ども時代の豊かな発達に欠かすことのできない権利だということです。それらをひっくるめて、子どもにとっての〈ゆとりの権利〉と呼ぶことができます。政府報告書に根本的に欠落しているのは、第一にこうした条約三十一条の意義の認識、第二にこの権利がさまざまなかたちで侵害されている日本の子どもたちの実態把握、そして第三に状況を抜本的に改善するための積極的な努力です。

「極度に競争的な教育制度」が日本の子どもたちをストレスにさらし、休息や余暇を奪い、発達のゆがみや大量の不登校を生み出している――これが第一回日本政府報告書に対する国連審査と勧告のポイントの一つでした。これは、第三十一条問題が三十一条にとどまらず、日本の子どもの権利侵害における中核的問題だということを意味しています。遺憾なことに、日本政府は国連のこの指摘に、言いかえれば子どもたちの叫びに真剣に耳を貸そうとはしていないのです。「学校五日制」が二〇〇二年四月から完全実施されましたが、この制度はスタート時点から〈休息・余暇の権利〉や〈遊びの権利〉の無視・軽視の上に成り立っていました。特に、日本の「学校五日制」は、これとセットで実施された新学習指導要領とともに、「『ゆとり教育』が学力低下をまねいた」という批判的キャンペーンにさらされ、事実上、文部科学省はこうした声に屈するかたちで軌道修正しました。「ゆとり」や「生きる力」を標榜し、「子どもを家庭・地域に帰す」とさえ豪語したこの制度のプラスとマイナスについてまったく検証しようとしない政府の態度は誠実さに欠けています。

第一回の政府報告から今日までの間に、国による第三十一条関連の権利保障は、むしろ後退していると指摘せざるをえません。私たちは前回の市民ＮＧＯ報告書での指摘を、もう一度繰り返さなくてはなりません。「日本では条約第三十一条の権利が社会的に承認されていない」と。

3　日本の「学校週五日制」は子どもの生活を歪めている

前よりも忙しくなった子どもの生活

日本の子どもたちは、表面的には安全で自由で幸せな子ども時代をすごしているように見えます。しかし、子どもたちがのびのびと育つ自由な時間が保障されているかどうかという点でみると、きわめて深刻な事態が進行しているのです。一晩中稼動している二四時間型社会といわれる日本社会に暮らす子どもたちが切実に求めているもの、それは「ゆとり」（休息と余暇、自由時間・自由意志にもとづく遊び）です。「ゆとり」の実現こそ、日本の子どもたちの子ども期を豊かにする上で、最も重要なポイントなのです。

「ゆとり」を実現するための施策として、日本政府は一九九二年に、月に一回土曜日を休みにする「学校週五日制」を導入しました。九五年からは月二回になり、二〇〇二年からすべての土曜日を休みとする「完全学校週五日制」が開始されました。しかし、日本の学校週五日制は、「ゆとり」をもたらすどころか、かえって前よりも子どもたちの生活に混乱と多忙化をもたらし、自由意志にもとづく遊びの時間を奪っています。そればかりか教師の生活をも慌しくさせ、子どもたちの声をじっくり聞くゆとりがないと言わせています。いま、日本中から悲鳴が上がっているのです（第二回市民ＮＧＯ報告書をつくる会『基礎報告書』第一巻〜第一〇巻参照のこと）。

土曜日が休みになったことで、日本の子どもたちは「学校五日制」を歓迎しているように言われています。しかし、土曜日の授業時間の減少部分が、平日のカリキュラムを変え、授業時間を増やすことになりました。高校の進学校などでは、早朝・夕方の「課外授業」（正規の授業以外の大学受験対策授業）が増えています。

学校のカリキュラムのなかから、子どもの自主活動や文化芸術活動の時間が減らされ、小学校の低学年から五時間目、六時間目が増え、放課後の帰宅時間を遅くし、自宅に持ち帰る宿題の量を多くする結果となりました。そのため、放課後自由に遊べる時間が少なくなり仲間関係へのしわ寄せをもたらしています。特に放課後、学童保育に通う子どもたちへのしわ寄せは大きく、児童館を利用する子どもの数も増えてはいません。むしろ子どもの帰宅時間がバラバラになり、集団遊びが成立しにくい状況を生み出しました。

子どもの仲間関係や遊びは、土曜日に休みを増やせば発展するわけではありません。何よりも毎日の時間が大切なのであり、そこに行けば仲間がいる、今日の続きを明日またやれるという仲間関係の発展のなかで、遊び文化が創造されるのであり、それが子ども期を充実させるための最も重要な中味なのです。休日である土曜日や夏休みなどの長期休暇に出校する教師が増えています。「ゆとり」の実現を掲げて導入された日本の「学校週五日制」は、子どもと教師の生活をさらに歪める結果をもたらしているのです。

子どもの自主的な世界が奪われていく

「完全学校週五日制」の開始によって、日本の子どもたちの生活は忙しくなっただけでなく、土曜や休日の時間を無駄に過ごさないために、大人によって準備された学習活動、体験活動、スポーツ活動、ボランティア活動、社会奉仕活動などによって、子どもたちの自由な遊びの世界、自主的な活動の世界が奪われ始めました。

特に大きな問題をもたらしているのは、これまでは「ゆとり」を唱えていた文部科学省が、二〇〇二年四月からの「完全学校週五日制」の開始に先立ち、一月に「学びのすすめ」アピールを出したことにより、子どもの休息・余暇・遊び・文化芸術活動の時間が拡大する方向ではなく、学習活動を活発化させる方向に進んだことです。「学力低下」を心配する世論と親たちの不安を背景に、せっかく生まれた休みの時間が、各地の教育委員会による「サタデースクール」や、学習塾、補習教室で学ぶ時間とされています。私立学校や、公立の進学校では、学校五日制で休みが増えることによる学力低下をさせないことを売り物にして、土曜通学や補習授業を積極的に取り入れ、これまで以上に進学熱が煽《あお》られ、子どもの学習時間が増え忙しさが増しているのです。

また、土曜休日の拡大によって、子どもたちが暇を持て余すのではないか、問題行動に走るのではないかという心配から、「地域の受け皿」と称して、大人の指導による遊び・野外活動、スポーツ活動、健全育成活動、社会奉仕活動が準備されています。大人による子どもたちの保護、育成への善意や熱意は重要ですが、子どもの自由意志が無視・軽視された「子どもに与える」活動の拡大は、かえって子どもの世界、子どもの自治を弱めることになりかねません。

こうした問題の背景には、子どもたちが自由に安全に遊びと仲間関係を発展させるための地域の居場所と専門家が用意されていないという問題があります。クルマ社会の危険性、子どもをターゲットにした性情報・消費文化の氾濫、犯罪者の増加のなかで、子どもの自由を尊重した遊びと仲間づくりを保障する場所と子どもに関する専門家が必要不可欠になっています。しかし、子どもの地域生活圏に子ども専用の図書館、文化施設はほとんどなく、児童館も少なく増えることがありません。特に中学生・高校生など一〇代の子どもたちが自主的に活動できる居場所は皆無です。学童保育は増えていますが、待機児童を生むなどその需要に対しては数が足りず、スペースも狭く劣悪な条件のままです。すべての子どもの遊びを保障するための「全児童対策」と称して、小学校の空き教室や校庭を開放し臨時の指導員を配置する試みがなされはじめましたが、従来からの学童保育を解消する口実としたり、指導員の専門性を軽視したり、子どもの生活保障のレベルを低めるなどの矛盾が持ち込まれています。

休息や余暇の時間を、専門性をもった大人や青年の配慮の下で、子どもたちが、安全に、かつ自主性と自由意志が尊重されつつ、子どもの世界を充実させ、社会参加・参画していけるような地域の環境づくりは、いまだなされていません。

4　日本では子どもの休息権・余暇権・文化権が確立していない

日本では条約三十一条の権利が社会的に未承認である

本来ならばゆとりを生み出すはずの「学校五日制」が、かえって子どもと教師の生活を歪め忙しくしているという問題の発生は、日本で導入された「学校五日制」が、休息・余暇の権利の保障という原理から出発していなかったことによるものです。

ヨーロッパの学校五日制の歴史と現状を比較してみると、一目瞭然なのですが、ヨーロッパでは長い歴史のなかで、大人の労働時間を短縮して、家族ぐるみで休息・余暇の時間を取ることを権利として確立してきました。したがって、学校五日制は親の週休二日制とならんで週末に家族でゆとりある生活をする時間となっています。しかも、毎日の生活のなかに休息と余暇の時間がしっかりと保障され、年間一か月におよぶバカンスとも連動しており、週末の休みが増えたことによって毎日が忙しくなり、年休が少なくなるというようなことはありえません。

日本社会において、子どもの休息・余暇・遊び・文化芸術活動が権利として未だ定立していないのは、第一に休息や余暇を「無駄な時間」としてとらえ、「無為に過ごすこと」は悪であるという価値観が支配しているからです。のんびり、ブラブラせずにつねに勤勉に活動している姿に価値を認める考えが、とりわけ学校教育を通じて家庭・地域生活にまで浸透しているのです。「何もしないでいること」のなかで、内面的な想像力や空想力が喚起され、自然や人間への感受性が涵養される可能性があるという積極的側面が、未だ認識されていないのです。

第二に、子どもの遊びと文化芸術活動についても、学びの価値のほうが優先され、それらの価値は深められていません。子ども期を充実させるために、最も大切なものが、子どもたちの自由意志にもとづいて営まれる、遊び文化と仲間関係から生み出される「子どもがつくる文化」であるということが、十分には承認されていません。

第三に、子どもの権利条約を批准するまで、日本の子どもに関する国内法においては、休息・余暇・遊び・文化芸術活動を子どもの権利として明確に規定したものはありませんでした。したがって、条約三十一条の内容の普及は、きわめて大きい意味があるにもかかわらず、いまだほとんどその本質が伝えられていないのです。

大人の生活・労働においても休息権・余暇権・文化権が剥奪されている

子どもの権利条約三十一条の内容が理解されず、普及しない大きな原因は、親や教師の、日本の大人の生活と労働において、休息権・余暇権・文化権が曖昧《あいまい》にされ、その権利がしっかりと実行されていないからです。

特にこの十年、日本のバブル経済がはじけ、国際的経済競争力が低下してから、ますます残業手当のない違法な「サービス残業」などの長時間労働が深刻化し、「年休取得率」も低下しています。「パパ早く帰ってきて」アンケートにとりくんだ「新日本婦人の会」の調査結果に示されているように、早朝（朝六時）に出勤し深夜（十二時）帰宅する父親たちは、子どもと過ごす時間が一日に一時間三〇分以下という状態です。三週間にわたって休みが一日もないという父親は、子どもとのふれあいどころか、ストレスと過労による健康への被害と背中合わせで過ごしています。身分の不安定なパート労働をはじめ、働く母親も同様に、ストレスと過労の蓄積する長時間労働のなかにおかれているのです。

ＩＬＯ（国際労働機関）の条約一三二号には、休暇は最低三週間、そのうち二週間は連続して取るように勧告されていますが、こうした労働者の基本的な権利に関する条約を日本政府はいまだ批准していません。日本では、平均年休は一八日ですが、実際にはその半分の九日しか取れておらず、その取得率も年々低下している実態があります。年間一か月のバカンスを親子で楽しむヨーロッパ社会の労働者と日本の親たちの間には、休息権・余暇権の社会的保障の実態において大きな開きがあります。

こうした大人の権利剝奪の現実が、子どもの休息や余暇に対する権利保障への認識を弱いものとしており、親と子が地域社会のなかでともに市民としてゆっくり休息し、余暇の時間を楽しみ、文化芸術に親しみ、自発的に社会参加・参画する時間を奪っているのです。子どもの休息権・余暇権・文化権の実現のためには、日本の親と教師の権利、大人の権利の確立が急務となっています。

5　条約第三十一条の実現にむけてのとりくみと課題

子どもに関する実践・運動の展開

子どもの権利条約の立場で、あるいはその精神を含んで、自治体や市民グループ・NGO・NPOによる取り組みがひろがってきたことに注目しておきたいと思います。ここでは、条約第三十一条関連の三つの実践・運動を紹介しましょう。

第一は、子どもの遊び場・居場所づくりの取り組みです。各地におけるプレイパーク（冒険遊び場）の実践や大型児童館「ゆう杉並」（東京都杉並区）・「ばあん」（東京都町田市）・「ホワイトキャンバス」（岩手県水沢市）・「子ども夢パーク」（神奈川県川崎市、建設中）など、規模や形態はさまざまですが、子どもの意見や参画・自治を大事にした子育ち支援事業が拡大してきたことは心強いことです。そこでは、〈自分〉と〈仲間〉、〈安らぎ・休息〉と〈遊び〉の復権・創造がめざされている点や、中高生にスポットが当てられていることなどに特徴があります。

第二は、福岡「子どもとメディア研究会」による「ノーテレビチャレンジ」の取り組み（調査）です。これは、四七家族が「ノーテレビウイーク」（まったく見ない週）と「セレクトウィーク」（一週間に二時間まで見てよい週）とを交互に二回体験する実験であり、あまりにも当たり前になったテレビの存在・影響を根本から問い直す挑戦でした。わずかこれだけのきっかけでも、「家族のコミュニケーションが復活」し、「工夫して遊ぶことの楽しさ」や「本当の家族の姿」を発見したと主催者は報告しています（前掲『子ども白書2002』）。

第三には、大阪で一九九七年から三年間かけて取り組まれた合唱組曲「ボクたちのさがしもの」です。まさに「権利条約のこころと子どもたちのこころを重ねて」、大人（市民合唱団・子ども劇場協議会・教職員組合など）と専門家（作詞・作曲家）と子どもたちが「創造的な対話」を交わしつつ試行錯誤のなかで完成させた一大事業であったといえます。この試みがもたらしたものは、「〝文化的・芸術的生活への参加の権利〟と〝意見表明権〟の実現であった」と「国連に『ボクたちのさがしもの』を届ける会」の基礎報告書は結んでいます。

以上はこの間の実践・運動のほんの数例に過ぎませんが、多くの遅れや困難にもかかわらず、日本における第三十一条関連の権利実現が、特に市民ＮＧＯ・ＮＰＯの手で確実に前進していることを確信させます。

新しい子ども政策・施策の展開

第二回政府報告書には書かれていませんが、近年、権利条約第三十一条をふまえて、子どもの教育権や福祉権とならんで「子どもの文化権」への注目が進んできました。一九七〇年代から、鑑賞活動のみならず子ども自身が創りだす表現活動や集団的な文化活動を育てる取り組みをしてきた文化芸術団体の役割が大きいと思われます。そうした団体の多くはNPO法人として市民権・発言権・政策立案能力を高めながら、子どもにかかわる文化環境づくりと文化政策づくりに取り組んできたのです。

たとえば、この間、子どもの活字離れに対する施策として『子どもの読書活動の推進に関する法律』と、同時に国民の文化権とのつながりで「青少年の文化芸術活動の充実」を掲げた『文化芸術振興基本法』という二つの法律が、超党派の議員立法として成立しました（二〇〇一年一二月）。国家予算のわずか〇・一％というわが国の文化予算の現状を打ち破り、子どもの文化芸術活動を豊かにし、新たな施設づくりと文化創造団体への支援が充実する契機となることが期待されています。

「子どもと舞台芸術推進会議」（児童演劇・音楽・人形劇・子ども劇場などの団体により構成）は、政府あてに「子どもと文化芸術活動」に関する要望書を提出しました（二〇〇二年六月）。そこでは、日本の子どもたちに学校教育において、最低年一回、生《なま》の舞台鑑賞の機会を提供することや、文化芸術体験学習の時間の確保、「子どもの文化芸術地域コーディネーター」の配置などが掲げられています。また、NPO法人「子ども劇場全国センター」も、「子どもに関する文化芸術振興の提案」を作成し（二〇〇二年八月）、そこでは子どもと文化の豊かな関係を育てるための「アーツ・マネージャー」や「キッズ・アート・

コーディネーター」などの人材養成が提案されています。

全体として、子どもの生活・文化の危機的状況を見すえ、権利条約の精神と国連「勧告」の指摘を正面から受けとめて積極的に努力しているのは、こうしたNGO・NPOであり、今後も政府の施策を充実させ実効あらしめるために、その活躍が期待されています。

6　提　言

A　条約三十一条に規定されている子どもの文化権（休息・余暇権、遊びの権利、文化・芸術への参加権）を、日本の子どもの権利に関する国内法に明記するとともに、子ども期の充実に向けての不可欠の権利として積極的に奨励すること。また、これらの権利に関する施策・行政を専門的に行う部局を設置し、地方自治体や市民NGO・NPOの取り組みを積極的に支援すること。施策の建設、立案と運用にあたっては、子どもの要求・アイデアを重視するとともに、子ども自身が意見表明を自由に行い、取り組みに参加・参画できる柔軟な制度を工夫すること。

B　日常の生活圏において、子どもたちの多様な自主的活動を可能とし、子どもの文化的・芸術的活動への参加権の保障を拡充するために、施設の確保と利用の拡大をはかり、子どもの活動を支援する専門家を配置すること。

(a)　生活道路を安全な歩行環境にする。自動車の危険を排除して、子どもが安心して遊べる路地を増やす。

(b)　地域の空き施設・空間の子どものための活用にむけての行政的支援を行う。学校の校庭および施設をさらに積極的に開放する。

(c)　既存の集会所、体育施設、音楽施設などの公共施設を、子どもが利用しやすいように利用制度を改善する。子どもが利用する公共施設の料金は無料にする。

(d)　児童館、学童クラブなどの地域子ども施設を増設する。児童遊園・公園、子ども広場、プレイグラウンド、野外活動・宿泊施設などの空間や施設を確保する。子ども図書館、子ども博物館、子ども専用のホールなどの文化施設を増設する。特に、一〇代の青少年が自由に集まり活動できる施設を増設する。

(e)　市民ＮＧＯ・ＮＰＯの協力を得ながら、子どものための活動を支援する専門家を養成し、施設職員を増員する。子ども会や子どもの遊び場へはプレイリーダーを、博物館・美術館・図書館へは子ども専門の学芸員・司書を配置する。

(f) 芸術団体の創造活動への助成を強化し、鑑賞活動への財政的支援を行う。施設使用料の減免や専門家の招聘《しょうへい》を助成するとともに、芸術団体の移動費を助成し、鑑賞機会の地域間格差をなくす。

(g) 市民ＮＧＯ・ＮＰＯ主体の鑑賞機会を充実させ、地域の文化・芸術創造活動を支援する。

(h) 子どもが施設へのアクセスをしやすいように、公共交通網を整備するとともに、交通機関の運賃割引を拡大する。中学生以上を大人料金と同じにせず、割引運賃にする。

(i) 障害をもった子ども、学校に行かない子ども、施設や病院に入院している子どもなど、特別な事情を抱えた子どもに対して文化の権利を保障するための施策を検討する。

写真提供　読売新聞社

Ⅳ　子どもが輝く地域づくり

1 地域に子どもの生活をよみがえらせる

1 地域と子ども

かつて、子どもは地域で育ちました。生活と成長の場が家庭や学校に限定された今日のありようは、長い歴史のなかでは例外的というべきでしょう。

消え行く子どもの遊びや職人の技《わざ》をイラストで記録し続けている遠藤ケイ氏は、少年時代を過ごした一九五〇年代の新潟県のある町の様子を、次のように生きいきと描いています（遠藤『親父の少年時代』、一九八一年）。

家からあふれ出したこどもたちは、狭い路地にたむろし、ベーゴマやビーダマ、パッチ（メンコ）からゴロベースなどの野球までやり、路地にはいつも元気な歓声が響いていた。

「赤ん坊が寝つかねぇから静かに遊べ」

ときには、窓からどなられることはあっても、路地から締めだしをくらうことはなかった。誰もがそうやってこの路地で育ってきた。

路地には、開けっぴろげな庶民の暮らしが息づいていた。どこの家も似たような生活状態だったので、隠す必要もなかった。ある意味で町全体が一つの家族のようでも

▶めんこで遊ぶ子ども…名人・達人がいっぱいいました

あった。

町内、どこの誰とも顔見知りであった。かつてのガキ大将、赤ん坊のときもらい乳したおばさん、親父と酒飲み仲間のおじさん、みんな気のおけない人たちだった。

生活は貧しかったけれど、子どもの遊びの世界、空き地や原っぱ・路地裏などの遊び空間、子ども仲間や大人との人間関係は豊かでした。それらを成り立たせていた基盤が前近代の地域共同体であり、農山漁村を中心に遠藤さんの故郷のような町も含んで、ひろく存在したのです。生活と生産が結びついていたそうした地域では、子どもたちは当然に労働や祭りの担い手でもありました。

ムラやマチの「一人前」になる通過儀礼の過程で、子どもたちが社会的訓練を受けたのが、「子ども組」と総称される異年齢集団です。小正月の「どんどや」「もぐらうち」「七夕」「十五夜の綱引き」といった年中行事や、祭りの法被《はっぴ》「子若連」の文字などに、今日でも子ども組の名ごりを見ることができます。

2　地域共同体の衰弱・解体と子ども社会の喪失

明治初年に導入された近代的公教育制度の発展は、子どもたちの地域における慣習を無視してはあり得ませんでした。今も残る集団登校は積極的にそれ――この場合は、地域の子ども集団――を活用した例であり、祭りや農繁期に学校を半ドンにする措置も地方によっては長く続きました。同時に、学校は地域のさまざまな慣習や価値を、改めるべき不道徳なものとして子どもから引き離すことに努めてきた歴史をもっています。

しかし、日本の地域を衰弱・解体させ子どもの生活を激変させた最大の契機は、一九六〇年代の高度経済成長です。その変化は、ある意味で一九四五年を境とする戦前・戦後の転換よりも大きいとさえ言えるでしょう。

あふれるモノ（商品）と大量消費、核家族化、人口の都市への集中と過疎問題、乱開発と自然破壊、クルマ社会の浸透による交通事故、そして受験戦争と塾通いが子どもたちを巻き込んでいきました。戸外での集団遊びが減り、マンガ・テレビ・コンピューターゲーム相手の室内での一人遊びが増えていきます。

身近な自然が遠ざけられ、空き地や原っぱはビルや駐車場に変えられ、路地から子どもは放逐されるなど、遊び環境は悪化の一途をたどりました。この四〇年は、子どもの遊びの三要素（時間・空間・仲間）が、次々と骨抜きにされていった過程と見ることができます。二五年前に埼玉県のある町で私が〝目撃〟し記述した、子どもから遊び場が奪われる一部始終を、少し長いのですが、ここに再録してみましょう（山下「いま、子どもの状況をどうとらえるか――〈地域の子ども〉の復権を」、『学童保育研究』、埼玉県学童保育連絡協議会、一九八二年）。実は、こうした事態は今もあちこちで起こっていることなのです。

一年半前、私が引っ越してきた現在のアパートは、けやき林に隣接していた。三〇メートル四方のわずかな空間ながら、宅地化に抗してがんばっているその緑の一角は、これから住む環境として、ささやかな満足を私にあたえたものである。

鳥が何羽もはばたき、夏になるとセミが鳴いた。近所の子どもたちは、網をもち、上を見上げてアブラゼミをねらったし、しめっぽい木陰にはダンボール箱をもちこんで遊んだ。ときに車が数台止まることはあっても、たいしたことではなかった。

ところが、ことしにはいってこの林の木は消えていったのである。植木屋のトラックが来て、あるものはチェーンソーで鳥の巣をつけたまま無造作に切り倒され、またあるものはブルドーザーで根っこから持ち去られた。どういうわけか、横倒しにされた木が一本だけしばらく残った。根は地中にあったので、初夏になると、それは痛々しくも若葉をつけた。三、四人の子どもたちは、この木を船にみたてて遊んだ。形といい、乗り心地といい船にふさわしかったのである。子どもの想像力は健在であった。

さて、夏休みに入るころ、ついに最後の木もとりはらわれた。そしてダンプカーが二台、交替で土を運びこむようになる。子どもたちの姿は、土ぼこりのむこうにかくれてしまいがちであった。「あぶないから、そっちいっちゃだめよー」の母親の声で、空き地のすぐ前に住んでいる〝常連〟のリュウちゃん（三歳）も、家の中にひっこんだ。しかし、おどろくべきことに、何人かの小学生たちはダンプの来ない時をみはからって、しつこく侵入したのである。「ねえ、あの（土の）山をオレたちの基地にしようぜ」と話しあいながら。

その空き地も、今はもう、子どもらには無縁の場所となった。「立ち入り禁止」の立て札と冷たいカナアミで囲われた駐車場に様変わりしようとしている。この件について、土地の最大の利用者であったあの子どもたちに、何の相談もなかったことは、いうまでもない。これが、小さい仲間たちの絶好の遊び場が完全に消えていった次第である。リュウちゃんたちのダンボール遊びも、アイちゃんたちのままごとも、もはやできない。

その後、八〇年代中頃から今日まで〝いじめ〟・不登校・学級崩壊・「荒れる子、キレる子」など、子どもの人間的交わりにかかわる困難が次々と社会問題化してきましたが、抜本的な解決にあたっては、学校や家庭のみならず、こうした地域生活の変容と課題を視野におくことが欠かせないと思います。

3　地域の見直し、子どもの生活の再生・創造を

高度経済成長はさまざまな国民的矛盾を引きおこし、国はその一定の手直しを迫られました。しかし、七〇年代からの「定住圏」「コミュニティー」構想（三全総）も「田園都市国家」「地方の時代」構想も、地域の格差と破壊に歯止めをかけることはできず、それどころか一九九〇年をピークとするバブル経済は「地上げ」などによって、「地域の空洞

っています。

化」を決定的にしました。子どもと家族の孤立は深まり、生活圏での少年事件や児童虐待に象徴されるように、子どもを守り育てることのできない〈地域の機能不全〉が深刻となっています。

けれども、このような危機の進行に直面しつつ、地域の教育力と子育ての共同を現代的に発展させてきた全国的な運動があることも忘れてはなりません。学童保育・児童館・子ども文庫・親子劇場・プレイパーク（冒険遊び場）・少年団などの多様な取り組みの存在です。一方、国は青少年の「健全育成」施策から学校週五日制にいたるまで、体験活動やボランティア・奉仕活動（の強制）によって、子どもの社会参加を進めようとしています。

いま求められるのは、「子どもの権利条約」の精神と視点にたって、〈市民（住民）としての子ども〉とともに、新しい地域を築くことではないでしょうか。それは、子どもの「居場所づくり」や「子育てネットワーク」といったかたちで、各地にひろがっています。また、かつての地縁・血縁に代わって、ＰＴＡや保育園保護者会など子どもを媒介とした「子縁」、わが子の不登校や非行・アレルギー問題などで集まる自助グループの「問題縁」など、〈新しい縁〉が次々と生まれていることにも注目してください。さらには、メールなどでつながる地球規模のパソコンネットワーク（インターネット）も一般化し、「グローバル」と「ローカル」を合わせた「グローカル」という造語も目にするようになりました。

とはいえ、近隣の生活圏のなかに子どもが育つ地域を日常的に再生させる課題は、そうした流れで代替できない独自性と普遍性をもっています。楽しさや自治に根ざした子ども世界・子ども社会・子ども時代が、青年とのつながりや大人の支援を条件として、足元から豊かに創造されなくてはなりません。

その意味で、私たちは、多くの子どもたちの放課後・休日が部活や課外授業、学習塾やおけいごとにゆだねられ、そこからこぼれた子どもは家庭まかせか非行対策・補導で、といった現状にいつまでも甘んじることはできないのではないでしょうか。根本的な見直しが必要です。

なお、最近の市町村合併や学校選択自由化の動きは、人びとの暮らしや子どもの育ちにとっての地域の意味が、根底から問われる問題でもあることを指摘しておきたいと思います。

4　放課後の生活――塾とおけいこごと

塾通いの変遷

「塾」の語義は「やしきの門の両側のへや」で、「そこで個人教授をしたことから、小規模な私設の教育機関をいう」（『漢語辞典』岩波書店、一九八七年）と説明されています。古くは藩校・郷学《ごうがく》・寺子屋などと並ぶ江戸時代の「私塾」がありますが、今日では主に子どもたちが学校の外で通う「学習塾」をさします。

戦後の〈塾と子どもの生活〉をめぐる変遷は、大きく五つに時期区分してたどることができるでしょう。

まず第一期は、一九六〇年代中頃の第一次ブームです。高度経済成長にともなって進学要求が高まりました。いわゆる「団塊の世代」の高校進学期と重なったにもかかわらず高校増設は進まず、熾烈《しれつ》な受験競争を勝ち抜くための塾通いが一気に増えたのです。

第二期は、一九七〇年代の第二次ブームで、その背景としては六八年版学習指導要領が「つめこみ」と「おちこぼれ」問題を表面化させたことが大きいと見られます。「乱塾時代」「未塾児」という言葉が生まれたのもこの時期です。「学習塾一一〇番」が創設されたり、各地の県教委・県教組双方から「塾に行かせない運動」が起こったりしていることからも、この時期の異常さがわかります。

第三期は、全国的に塾の過当競争と再編がひろがった一九八〇年代です。企業化・系列化・寡占化が進み、戦国時代にもたとえられました。鉄道会社と提携した駅前型のチェーン塾も生まれています。子どもの生活のなかで塾は日常化し、マスコミは学校と塾の二重教育構造が〝定着〟したとして、「成塾時代」と名づけました。首都圏では私立中学受験ブームがおこります。

第四期は、バブル経済に乗って塾通いが幼児にまでひろがった一九九〇年代です。早期教育や有名幼稚園・小学校受験準備の過熱はその後「お受験」ブームとして有名になりました。その一つの悲劇的帰結が、東京都文京区で起きた幼児殺害事件（いわゆる〝春菜ちゃん事件〟、一九九九年）であったことは記憶に新しいところです。

そして第五期が、一九九〇年代末から今日にいたる多様化と淘汰の時代です。少子化と不況のもと、新たな「教育の市場化」政策によって、学校と塾はそれぞれが生き残りをかけた「並存的競争」の時代にはいったと言われます（『子ども白書２００１』）。

学習塾――その問題点と可能性

「生きる力」を標榜する一九九九年の生涯学習審議会答申、宿題や補習に言及した二〇〇二年の文部科学大臣のアピール「学びのすすめ」、新学習指導要領と学校週五日制の完全実施によって、国は体験学習や課題解決型の塾の奨励・取り込みに踏み出しました。それは、かつてない方針転換といえるでしょう。

六〇年代から通塾率は上昇し続け、ここ数年は横ばいで推移しているものの、二〇〇〇年度は小学生の三六・七パーセント、中学生の七五・八パーセントにまで達しています（いずれも公立、文部科学省「子どもの学習費調査」）。

従来、塾の問題点としては、①子どもの健康と生活に悪影響を及ぼす（とくに遊びやゆとりの消失）、②受験戦争をあおり、教育の商品化を進め、公教育の意義と役割を歪める、③学力格差が家庭の経済格差によって拡大再生産される、などがあげられてきました。これらは、今後も引き続き軽視できないものです。

しかし、だからといって塾を十把一からげに邪魔者・不要物扱いすることは一面的に過ぎます。なぜなら、今日の学習塾は、①学力をめぐる子ども・親の不安と願い、②地域における子どもの居場所の喪失、が投影しており、さらに③不登校や高校中退の子ども、格別の援助を必要とする障害のある子どもをサポートする「支援塾」、④教師の助言のもとで、学習を軸とした子育ての主体化・共同を目指す「家庭塾」、⑤子育て相談や教育懇談会にも取り組む地域塾のネットワーク「地域教育連絡協議会」、などの存在ぬきに語れないからです。

子どもの学習権とその公的保障の今日的課題を議論しつつ、〝学校vs塾〟の図式を超え地域も交えた、〈新しい学び〉の創出こそが求められます。

様変りした「おけいこごと」

かつて一九六〇年までの「おけいこごと」といえば、「習字」「そろばん」「ピアノ」「柔道」「剣道」などが定番でした。それらは、学校教育では充足できない実用的な習いごとか、伝統的な芸ごとの世界だったといえるでしょう。

一九七一年、井深大《まさる》氏（ソニー創業者）の「幼稚園からでは遅すぎる」という提唱が一部の親の心をとらえ、おけいこごと――とくに「お勉強」タイプ（知的早期教育）――の第一次ブームが起こりました。しかし、九〇年代から現在までの第二次ブームはごく〝普通〟の親たちに及び、子どもの日常生活に深くかかわるものとなっています。

学習塾と一緒に取り上げられることの多いおけいごとですが、家庭の教育要求や民間教育事業としての共通部分はあるものの、あらわれ方には明らかな違いが見られます。一般に学習塾に通う子どもは中学生で増えるのに対して、おけいごとは小学生の低学年から中学年に集中しているのです。

ある調査結果で具体的に見ると、まず、おけいごとのなかで男女を問わず、いま最も人気の「スイミングスクール」には小一で四〇％も通っていますが、学年とともに急落し、小六では五・五％までになります。女の子に多い「楽器」（ピアノが主流）は小一から小五にかけては二〇～三〇％ですが、小六から中学生にいたると一〇％台に減少します。「習字」は小一から一〇％台で推移し、小六でピーク（二一％）を迎え、以後急降下。「そろばん」は小三が最多の十一％を示すのみで、低調の感は否めません。代わりに「地域のスポーツチーム」が男子を中心に平均一七％で、小六まで〝健闘〟しているのが目につきます。また、「語学教室」が小六でピーク（一八％）となっているのは、小学校への英語教育の導入が背景にあると考えられます（以上、ベネッセ教育研究所「子育て生活基本調査報告書Ⅱ」一九九九年、より）。

幼児期からのおけいごと——どこが問題、何が大切？

小学校低学年のおけいごとの多さは、就学前にそのスタートがあることを示唆しています。幼児期における早期教育事情をさぐった鹿児島県でのアンケート調査によると、全体の六五一人中二七％が何らかの習いごとに通っており——五、六歳児ではほぼ五人中二人——、幼稚園児に限ると五〇％を超える状況が明らかになりました（『かごしま子ども白書』二〇〇〇年）。

その内容を見ると、「ピアノなどの音楽教室」（一五％）、「スイミング」（八％）が上位を占め、「英語」や「公文塾」などを合わせた「知的早期教育関係」（四％）がこれに続きます。習いごとの開始年齢は「四歳から」が最も多い（四四％）ですが、三歳までに始める子どもも七％います。また、二割近い子が複数の習いごとをしている実態が明らかとなりました。一方、通う塾・教室ではないのですが、「こどもちゃれんじ」（ベネッセ）など「通信教育教材」の利用が増えている（全体の一六％）のも見過せません。

こうした「超」早期教育を誘発している背景の一つは、地域共同体が解体し、足元に子育てのよりどころ（共同と見通し）が失われていること、二つめに学力問題をはじめ今日の学校教育のさまざまな困難が親に不安を与えていること、三つめには実生活と切り離され「モザイク状に形成された能力が人格全体の発達につながるかのような誤った見方が……蔓延」していること（鹿児島のアンケート結果に対する黒川久美の分析）などが指摘できるでしょう。

学習塾と同様、上記のような問題点を多角的に議論し、子どもの豊かな生活とバランスある成長にとってのおけいこごとの危険も再認識する必要があります。ほとんどのおけいこごとが小学校段階で失速あるいは終息してしまう要因に、中学校における受験勉強と塾通い、部活動の問題があるのは否定できません。ここ数年は、不況による家計の支出抑制も影響しています。

これまた学習塾と同じく、おけいこ教室においても商業主義や競争主義の流れが支配的であり、子どもの意欲・個性・能力を伸ばすうえで限界やトラブルに直面するケースは少なくありません。他方、練習・発表会・試合に子どもの声や仲間づくりを積極的に取り入れたり、保護者会を組織したりする教室もあります。子どもの余暇・文化・スポーツの権利や生涯学習の視点から、本来のおけいこごとのあり方を見直すべきではないでしょうか。

写真提供　毎日新聞社

2　子どもの地域生活
――学校のかかわりは

1　今日の子どもの危機の背景に何が…？

佐世保の事件から

二〇〇四年六月、長崎県佐世保市で起きた小学六年生女児による同級生殺傷事件は、平日の学校内で、しかも前年の長崎市内の事件から一年もたたぬうちにということもあって、その衝撃の大きさははかりしれないものがありました。今日の子どもの生活と人間関係をめぐる問題がからんでいると思われるので、この事件についてふれることからはじめたいと思います。もちろん、事件の原因や責任を直接追及するのがここでの目的ではありません。

こうした事件が起こるたびに、連日、マスコミは加害児童の説明可能な特異性を探し出すことにつとめます。また、学校や監督官庁は、ほとんど何も明らかになっていない事件直後に「心の教育」「生命の教育」の推進を方向づけたり、きっかけとなったもの（ナイフやパソコンなど）の問題に焦点化した通達を発したりします。関係者の心のケアを急ぐのは当然ですが、事態の真の解明と解決の道は、子どもたちの声も聞きつつ父母・教職員・地域・行政の協力と市民的（国民的）議論によって、丁寧に探られるべきではないでしょうか。

一九九七年の神戸での小学生連続殺傷事件の時も、事実や経過を保護者に十分説明しようとしない学校に対し、「学校や地域をどうするかという結論を急いで出そうというのではなく、わからなさを共有する過程が大事だと思う」と話した当時のＰＴＡ会長の言葉に、かつて筆者は注目しましたが（拙著『子どもの中の力と希望――「子どもの権利条約」がつなぐ子育て・教育・文化』ミネルヴァ書房、一九九八年、三五―三六頁）、これは今回もあてはまります。宮川俊彦氏（国語作文教育研究所）は、むしろ「わからない」という「率直な意見」や「姿勢」から「真剣さが生まれる」と指摘しています（宮川「〝教育役場〟の学校に限界」、『熊本日日新聞』二〇〇四年六月一八日）。

事件の個別性・特殊性のみに目を奪われることなく、日本の子どもたちが共通に直面している生きる困難に目を向ける必要があると思います。

事件のすそ野と日常、そして地域生活を問う

「非行の低年齢化」「思春期少女特有の交友関係」「ネット社会の危うさ」「暴力文化の浸透」――マスコミや有識者が指摘するこれらのいずれもが、事件とどこかでは関係しているでしょう。問題は、こうした論点のあれこれには目がいくが、学校・教育・社会・文化のあり方を客観的・根本的・構造的に問い直す姿勢が欠落していることです。佐世保事件の翌日、校長が記者会見で述べた「徳育を重視してきた私にとって、今まで語り掛けてきたことが無に等しいと実感している」という認識に、問い直しの契機をみることができるものの、続く「すべて背負い込んで頑張っていきたい」という〝決意〟はその限界を示しているように思われます（『熊本日日新聞』二〇〇四年六月三日）。

事件は子どもたちに深いショックを与え、父母と教師から子育て・教育への自信を喪失

させました。さらに、結婚や子育てに対する若い世代の不安や躊躇を増幅し、少子化を加速するマイナス要因となったことも否定できません。

問題を冷静にとらえる必要があります。そのためにはまず、学校と教師が子どもに関して「すべて背負い込」むことには、理論的にも実践的にも無理があることを確認すべきでしょう。また、事件をもっぱら「親のせい」にする家庭の自己責任論もあまりに狭量な決めつけと言わざるをえません。養老孟司氏は、二〇〇三年夏の長崎事件のあとに飛び出した某大臣による「打ち首」発言を批判する一文のなかで、経済優先の原理で高層ビルを建て続け、「遊び場」を奪い、「場所をとらない」ゲームに子どもたちを閉じ込めてきた戦後、とりわけ高度経済成長期以降の日本社会では「子どもはつねに二の次だった」と、事件の歴史的・社会的背景に言及しています（養老「『親の責任』と乱暴に決めつけるな」、『中央公論』二〇〇三年九月）。

たまたま事件直後に福岡市で開かれた日本子ども社会学会では、「小学校高学年の友人関係はクラス仲間を軸に固定されている」という結果が発表されました。すなわち、小学五、六年生の放課後の遊び相手について調査したところ、男女とも六七％が「だいたい決まっている」と答え、友だちの種類では八五％が「同じクラスの子」で、「近所の子」（一六%)、「塾などの仲間」(九%)を上回ったというのです(『朝日新聞』二〇〇四年六月十三日)。

　私は、こうした事件の背景の一つに、〈子どもの地域生活の空洞化〉〈子ども社会の変容・崩壊〉という〝黒い影〟があるのではないかという問題意識に立って、ここでその意味を問い直し、教師が子どもの地域生活にあらためて目を向けることの必要も喚起したいと思います。

2　子どもの遊びと地域生活の変容

四〇年前の子どもの遊び世界

　一般に、子どもの地域生活の内容としては「遊び」と「仕事」(労働)と「学習」が考えられます。わが国の戦前から戦後のある時期まで、子どもの労働や手伝いは大多数の家庭にとってなくてはならないものでしたし、地域共同体の仕事や祭りなどの行事においても子どもは重要な役割を果たしました。今日、日本では児童労働は過去のものとなり、豊かで便利な生活が子どもたちから手伝いの機会を奪ってきたと言えます。一方、言うまでもなく学習の中心的な場は学校ですが、一九七〇年代から九〇年代にかけて、さまざまな子どもの地域活動や子育て教育文化運動のなかで、地域ならではの学習の取り組みが生み出されてきたことも忘れてはなりません。

とはいえ、子ども時代、子どもの生活の本質を「遊び」にみること、とりわけ地域生活のベースを遊びととらえることは歴史的にも許されるでしょう。本節では、まず遊びに注目してここ四〇〜五〇年の子どもの地域生活の変遷をとらえてみたいと思います。

「子どもが遊ばなく（遊べなく）なった」といわれるようになったのは、一九七〇年代半ば頃ではなかったでしょうか。今日では、「外で遊びなさい」という親に「外で遊ぶって、どういうこと？」と真顔で尋ねる子どもがいるという話を聞くようにもなりました。今や、外遊び・集団遊びそのものが消滅している（＝継承されていない）と見たほうが正確なのです。

地域での遊び経験を前提にして成立しているはずの学校で、教師が戸惑う場面も多くなりました。たとえば、次節でも紹介しますが、大阪府八尾市の小学校教師である藤田武久氏は、「集団遊びが成立しない子どもの世界」の実態として、「シラケていたり逆に興奮しすぎる子」「楽しく遊ぶために不可欠のルールを守らない子」「ひたすら逃げ隠れするだけの子」「負けを絶対認めない子」などの出現を報告しています。

かつての地域における子どもたちの自由奔放で内容豊かな遊び世界については、遠藤ケイ氏や原賀隆一氏らの精力的な仕事があります（遠藤『親父の少年時代』かや書房、一九九〇年。原賀『ふるさと子供グラフティ』自費出版、一九九二年）。最近では、敗戦後の人々の地域生活史のなかに子どもの遊びも位置づけ、「ジオラマ」（人形と背景の立体模型）によってリアルかつ叙情的に表現する南條亮《あきら》氏の一連の作品も注目されます（『人間・この愚かですばらしきもの——南條亮【ジオラマの世界】』展示会パンフレットおよびＶＴＲ参照）。

ここでは、熊本県山鹿市に住む榊建盛氏（自営業三代目店主）が描いた昭和三〇～四〇年代の子どもの世界を紹介してみましょう（榊「親父の子ども時代」、『くまもとの子育て２００４』熊本子育て教育文化運動交流会編、要約）。当時の子どもの遊び世界の躍動感と豊かさは、彼の記憶の細かさとともに驚くほかありません。

①　路地にあふれる子どもの声

子どもの笑い声・泣き声・叫び声がＢＧＭのようだった。道路上では石けりしたり字を書いたり、走りまわったり……。路地から大通りに飛び出すと、大人に「こらー、危ない！　人にぶつかるぞ」とよく叱られたものだ。クルマはほとんど通らなかった。

犬も子どもも〝放し飼い〟だった。

②　まち全体が遊び場

どの家も狭いので、「外で遊んで来い」が親たちの合言葉だった。近くの広場に行くと、いつも何人かが遊びに来ていた。お寺の境内は、墓など隠れるところがたくさんあって陣取りやかくれんぼには格好の場所だった。陣取りにはチームワークが必要。味方の人材をみて、守りと攻撃とカモフラージュ役を決める。二〇メートル先の陣を取るために、町中を四〇〇メートルもぐるっと回り相手の背後からスキをついて襲う、あのドキドキが今も忘れられない。

③　駄菓子屋

お好み焼きが流行っていた。自分で焼くセルフサービス・システムだったので、店のばあちゃんの目を盗んで、材料を余分に入れて大きくつくることにつとめた。こづかいが五円から十円の時代。「スズメの卵」が五円で十個買えた。当てもの（クジ）もほとんど五円で、みんな一等ほしさに通っていた。友だちが全部買いしめたことがあったが、一等はなかった。

④　温泉は子どものプール、大人の社交場

山鹿は昔から有名な温泉の町。子どもも大人も、夕方になると町の中心にあった「さくら湯」に行くのが日課だった。行けば自然に遊びが発生する。潜りやレースに夢中になった。大人たちは、そんな子どもたちを「せからしかね（うるさいね）」と言いながらも黙認し、家族や仕事の話に花を咲かせた。山鹿の子どもは、泳ぎの基礎をこの温泉で覚えたものだ。今ではどこの温泉も「遊泳禁止」である。

⑤　危険を肌で感じながら一人前の修行をした川遊び

温泉で泳ぎを覚えた子どもたちにとって、町を流れる菊池川は実践の場だ。向こう岸まで泳いで渡ることが目標となった。先輩たちから挑発を受け、恐怖を乗り越えて対岸に渡れたときは、天下をとった気分だった。あの達成感はなんとも言えず、「オレも一人前になった」と誇らしく思ったものだ。流されかけても浅瀬や釣りのおじさんに助けられたりと、自然も人も防波堤になってくれた。しかし、川はどこか命がけ。

流れや深さを肌で感じていた。今は、この「肌で感じる」ということが少ないように思う。昨年、小学生の三男がこの川を渡ったことが学校に知られ、怒られた。時代を感じる。

榊氏は述懐しています──「昔は時間がゆっくり流れていた。子どもの遊びを親たちも経験し理解していたから、子どもの少々のいたずらにも目をつぶることができたし、いざという時は助けてもくれた」。

▶駄菓子屋の前で紙芝居…拍子木の音に胸が高鳴りました

遊びを奪われた子ども――自然破壊・クルマ社会・テレビ・消費主義・受験競争…

こうした豊かな子どもの生活や遊びの世界が、一九六〇年代の高度経済成長を契機に大きく様変わりしていったのは周知のとおりです。ここで、その変容の中身と背景を丁寧に検証する余裕はありませんが、八〇年代までの状況を大まかに描写すれば次のようになるでしょう。

まず第一に、子どものまわりから自然が奪われます。経済効果優先の地域開発が子どもたちと自然とのかかわり（冒険や草花遊び・虫捕りなど）を遠ざけていきました。自由に遊べる原っぱは宅地化されるか駐車場として立ち入り禁止となりました。第二に、クルマ社会が浸透し、多くの子どもたちが痛ましい交通事故の犠牲者となるとともに、生活道路にまで間断なく侵入するクルマが路地裏遊びを放逐していきます。第三に、一九五三年に始まったテレビ放送は、六〇年代までは良質の子ども向け番組もつくられていましたが、その後は減少し、質の低下や長時間視聴が青少年の心とからだに与える影響が憂慮されるようになります。第四に、テレビコマーシャルとも結合した大量生産・大量消費が、子どもの遊びや文化を変えました。おもちゃは、自然の素材で「つくる」より既製品を「買う」ことが当たり前となり、テレビ番組のキャラクターもののグッズ・景品・スナック菓子が購買欲を刺激しました。第五に、受験競争の激化・日常化が子どもたちの放課後や休日の生活を変貌させます。〝勉強は学習塾で、情操はおけいこごとやスポーツ教室で〟といった流れが一般的となったといえます。

こうした、さまざまな要因や背景が複合的に重なっていった結果、子どもの遊びの三要素である〈時間〉〈空間〉〈仲間〉が次々に骨抜きにされ、豊かな遊びの世界が衰退・解体していったのです。

子どもの生活の変容と遊び世界の危機に直面し、これを乗り越えようとする取り組みが地域にひろがったのは当然でした。それは学童保育・児童館・子ども文庫・親子（子ども）劇場・プレイパーク（冒険遊び場）・ひまわり学校・青空学校・少年団・子どもまつりなど、多様なかたちをとってあらわれ、子ども主体の豊かな活動と生活の創造がめざされたのです。父母・教師・地域住民の協力や共同の力がその原動力となりました。

学校五日制は「ゆとり」を生み出したか

一九九二年、学校週五日制が導入されました。月一回から始まり、月二回（一九九五年）をへて完全実施されるのは二〇〇二年です。「明治以来の画期的な教育改革」「子どもに

〝生きる力〟と〝ゆとり〟を」「学校をスリム化する」などと謳われた学校五日制ですが、そのねらいは達成されたといえるでしょうか。

導入前から、家庭・地域の〝受け皿〟不足、平日の授業へのしわよせ、部活動や塾通いの過熱など、さまざまな懸念や問題点が指摘されていましたが、十分な国民的合意を得ることなく〝見切り発車〟したことの矛盾は解消していません。たとえば熊本市での最近の調査でも、五日制を「よい制度だと思う」と答えた中高生は六〇・一％ですが、保護者は二八・八％に過ぎず、その根底には〝日頃の授業に余裕を〟〝五日制に見合った活動の場を〟〝親の休暇をもっととりやすく〟といった要求が、親子ともに渦まいています。この調査では、週六日以上部活動をしている中高生が六三・七％も存在する異常な実態も明らかとなりました（本書99頁参照）。「子どもを家庭に返す」はずだった五日制は有名無実化していています。中高生の休日の過ごし方の三位に「寝る」（五〇・八％）があがっていることとあわせ、多忙化・疲労化の現実は看過できません。

五日制が空洞化していった背景には、五日制の完全実施に前後して「ゆとり」「学力低下」批判が経済界とマスコミなどから噴き出し、これに押されるかたちで文部科学省が休日土曜の補習を奨励し塾・予備校に協力要請するなど、〝右旋回〟――実質的な方針転換

――を図ったことも大きいと思われます（その象徴は文科省「学びのすすめ」アピールでした）。

しかし、子どもの生活・発達・権利の必要から導入されるのでなく、〝働き過ぎ社会ニッポン〟への国際的批判をかわし、週休二日をレジャー産業の活性化と結合させようとしたところに、日本型学校五日制の根本的矛盾があったのではないでしょうか。さらに、国連・子どもの権利委員会が日本政府に勧告した「極度に競争的な教育制度によるストレスが、日本の子どもたちから余暇・身体的活動・休息を欠如させ、さまざまな発達障害におちいらせている」という指摘（一九九八年）を顧慮しないことも、真の教育改革を妨げている要因です。

五日制対策として打ち出された「緊急三ヶ年戦略」（全国子どもプラン――地域で子どもを育てよう）も、情報・体験・教育中心で、〈子どもの生活の今〉を動かす契機にはなりえませんでした。

〝仮想現実〟の拡大に抗し、子どもの地域生活（遊びと仲間）を豊かに
――求められる「休息・余暇・文化の権利」の確立

日本の圧倒的多数の子どもたちは、今、地域生活と呼べるようなものをもっていません。それは大人に地域生活がないことに相応しています。その代わりに、彼らの生活にひろく入り込み、心をとらえているのが、テレビゲーム・CD・パソコン・携帯電話などのいわゆる「ニューメディア」です。子どものテレビ視聴時間の長さや乳幼児期からテレビ・ビデオを見せる「テレビ育児症候群」が、子どもの情緒・言葉・コミュニケーションの発達に重大な障害をもたらしているのではないかとの調査結果と警告も見逃せません。

こうした問題の本質は、何よりも「子どもに与える文化」が肥大化し、「子どもがつくる文化」が衰弱させられているということであり、「ダイナミックな外遊びでつちかわれるはずの動物的な活力や体力をギリギリまで奪われ、人間的なつながりを断たれた危機的状況のもとで、与えられた（買わされた）遊びの世界に押し込められている究極の権利侵害」とみることができるのではないでしょうか（本書142－143頁参照）。

その画期的な便利さと引き替えに、さまざまな犯罪やトラブルの温床ともなっているネット社会の問題は、成長中の世代にとってはいっそう深刻です。とりわけ「ヴァーチャ

ル・リアリティー」（仮想現実）の拡大に抗して、子どもたちと直接的な自然や社会、人やモノのかかわりを回復させ、麻痺させられがちな彼らの現実感覚と生きる力を取り戻すことが喫緊の課題となっています。

また、七〇年代から子どものからだの異変を実証的に研究してきた正木健雄氏（日本体育大学名誉教授）は、子どもの運動能力低下や「変温動物」化、土踏まず未形成、自律神経変調などの問題克服のために、今日あらためて〝一日一回は汗をかくような〟外遊びの意義を提唱しています（正木「子どもの体の変化とあそびの大切さ」、『子育てフォーラム――子どものからだとあそび』NPO東京少年少女センター編、二〇〇四年四月）。

私たちは、先に紹介した四〇年前の子どもの豊かな地域生活を、過去のものとしてあっさり切り捨てるのでなく、学び直し、今日的に再生・創造することが必要なのではないでしょうか。そのためのカギが、子どもの権利条約第三十一条の「休息・余暇、遊び、文化・芸術への権利」の保障と発展にほかなりません。学校五日制の矛盾の中心は、まさにこの権利の未承認という国の姿勢に起因すると考えられるのです。

3 子どもの地域生活と教師・教師教育

掲げたテーマに対し、紙幅のほとんどを前段の「子どもの地域生活」に費やしたのには理由があります。今日、「地域生活」のリアリティーがあまりにも失われており、したがって教師や教師教育の俎上に乗せるまでが一仕事だからです。最後に、これまでの論述とかかわる五つの課題を提示してみたいと思います。

まず第一は、子どもの問題のすべてを学校や教師が抱え込もうとせず、家庭や地域との共同（協働）の関係を築くことです。かつては予測できなかったような事件が学校で起こる今日、学校が一定の自衛的な緊急対策を講ずるのはやむをえませんが、それにも限界があります。社会不安の根源をさぐりつつ、学校を家庭・地域に「ひらく」ことでむしろ安全を確保する方向が本来的で望ましいと思います。「共同」は対等の関係を前提とします。狭い学校中心主義を克服し、子どもの育つ場としての家庭・学校・地域をトータルにとらえる視点・視野が必要なのではないでしょうか。

第二に、人間形成における地域固有の価値（地域の教育力）を今日的に深め直さなくてはなりません。ここでいう地域とは、「生活科」「総合的な学習の時間」など学校の教育課程で取り上げる〝学習の対象〟としての地域ではありません。子どもの生活と成長にとって本来的に不可欠な（はずの）地域の自然的・社会的・人間的意味についてです。

第三に、教師が多忙＝長時間・過密労働から解放されることが急務です。子どもの家庭・地域生活に目を向けるどころか、学校で子どもとふれあう時間さえないというのが、今日の教師たちの共通の悩みです。「学校外のことはスクールカウンセラーに」といった〝分業〟で済む問題でもありません。京都では小・中学校の教員九人が、超過勤務の是正を求め提訴するに至りました。「教師人間」から「人間教師」へ、さらに「市民（家庭人・地域住民）としての教師」への転換が求められます。七〇年代から八〇年代にかけてひろがった地域の子育て・教育・文化運動で、教師の果たした役割は小さくありませんでした。これから、そういう〝余力〟を再生させる新たな展望は生み出せないものでしょうか。

第四に、教育に先立って（あるいはそれと並行して）、子どもたちがくぐるべき「遊び」の世界と仲間関係の重要性について、教師があらためて認識し直すことが必要です。その場合、子ども時代の遊びを、「あとあと何をもたらすか」と効用主義的に解釈するのでなく、人生の「その時期がそれで充実していた」ということ自体に意味があると考えるべきでしょう（NHK「にんげんドキュメント〝光れ！　泥だんご〟」二〇〇一年六月一四日、加用文男京都教育大学教授のコメント）。

第五に、教員養成課程のなかに、学生自身がからだをつかって遊び込む体験や、地域と子どもの生活・活動を知るフィールドワークなどをもっと意識的に取り入れることが必要ではないでしょうか。筆者は、ゼミでの遊び研究・駄菓子屋調査において、今日の青年たちがその子ども期（一九八〇年代）に遊んでいないと決めつけることの誤りに気づかされましたが、一方で全体としての彼らの体験不足は否定できません。

自己表現（プレゼンテーションやパフォーマンス・演技）などと合わせて、子どもの遊び（実践・研究）をこれからの教師教育に加えていかなければならないと痛感します。ただし、遊びの心は「アニマシオン」（ドキドキワクワク）にあるので、「教育的」に取り扱うことの危険を肝に銘じておかなくてはなりません（増山均『アニマシオンが子どもを育てる』旬報社、二〇〇二年）。

写真提供　読売新聞社

3　子どもの希望が見える地域《まち》

――いま根づく〈つながり〉と〈あこがれ〉の子育て

＊第三十二回子どもの組織を育てる全国集会基調報告の紹介（ダイジェスト版）

1　谷間に子どもたちの歌声がひびいて

――大阪少年少女キャンプが積み上げてきたもの

平和あってのキャンプ

二〇〇二年八月三日の夜、岡山県北東部に位置する奥津町の泉源キャンプ場の山あいには、一六〇人の子どもと青年たちの元気な歌声がひびいていました。二六回目を迎える「大阪少年少女キャンプ」（三泊四日、主催・少年少女組織を育てる大阪センター）の大集団です。

この日（三日目）の夜、大キャンプファイヤーを囲むどの顔も〝この時〟にかける意気込みで紅潮しています。青年指導員たちが歌う「琉球愛歌」（モンゴル８００）で幕が開けました。

♪「泣かないで人々よ　あなたのため明日のため
すべての国よ　うわべだけの付き合いやめて
忘れるな琉球の心　武力使わず自然を愛する
自分を捨てて誰かのために何かができる…」

伝えたいメッセージは〈平和〉。「アフガニスタンなんかでは、難民の人たちのキャンプがある。でも僕らのキャンプは、平和あってのキャンプ」「平和は、小さなやさしさが集まってできるんやでー」。

つづく「子どもキャンプ運営委員会」が演じた寸劇も、争い続けてきた二つのグループが一千回目の対決でやっと和解するというもので、このキャンプを「みんなでつくり、みんなで楽しもう」と呼びかけました。

大阪少年少女キャンプは、自主的な子ども組織（少年団）が活動するそれぞれの地域を束ねた四つの「村」（南部・北部・東部・尼崎）の自治にもとづいて運営されます。キャンプファイヤーの目玉は村ごとの出し物です。どの村も、振りつきの多彩な歌を大声で歌い続けました。

フィナーレでは、「UFO体操」「バラはあこがれ」「陽気に生きよう、この人生をさ」を全体で踊り歌い狂います。土ぼこりのなかで、班も村も超えて——いつもの自分をも超えて——みんな汗だくではじけていました。あっという間の二時間でした。

子どもたちがテントに戻ったあと、本部では参加した父母・青年指導員らによる交流会が開かれました。そこでは、「二月からの取り組みは、ほんとにしんどかった。会議の量がすごい。でも、あの積み重ねのおかげで今日の楽しさがある」という指導員の実感や、「意気揚々とキャンプで働くわが子の姿に驚いた」「中一の娘はキャンプで使う包丁のことを、少年団のお父さんに教えてもらった。親の見えないところで育っているのが楽しみ」といった親たちの期待であふれました。

一人ひとりが主人公――楽しさの秘密

毎年、キャンプ本番の一か月前には大阪市内で「開村式」が開かれます。今年の開村式では、長谷川裕紀《ゆき》さんたち生活指導局が、紙芝居風のパネルを使って子どもたちにキャンプの説明をしました。たとえば、「私たちは、どこに泊まるのでしょう?」というクイズで、「1　温泉つき宿」「2　リゾートホテル」「3　テント」の選択肢が絵で示されるのです。子どもたちのやる気と見通しを引き出すための、すぐれた手法です。

もう一つ、印象に残る場面がありました。子ども運営委員会が「何ごとにもみんなで一生懸命!」というスローガンを提案したとき、「めんたいこ村」(北部)から、「『何ごとにも』というのは、あいまいではないか」という疑問が出されたのです。委員会は「みんなで一緒に取り組むことについては」と回答し、了承されました。〝目標は具体的に〟という自覚と自治のあらわれではないでしょうか。

さて、隣の部屋では並行して父母説明会がもたれました。説明に立った大阪センター事務局長の藤田武久さん(小学校教師)の話で興味深かったのは、シラけていたり逆に興奮しすぎる子が出てきて、「なかなか遊びが成立しない」ということです。さらには、遊びに不可欠のルールを守らない子、ひたすら逃げ隠れするだけの子、負けを絶対認めない子……など、「気になる」具体例は驚くばかりです。これは、まさに「子ども期の喪失」（国連・子どもの権利委員会への第一回市民NGOレポート《統一報告書》のタイトル）の一つではないでしょうか。

こうした危機的な状況を、子どもらしい「遊びと仲間のある生活」に転換させる取り組みが少年少女キャンプだと藤田さんは話し、その魅力を次のようにわかりやすく表現しました。

①一人ひとりが主人公——民主主義を具体的に理解する
②「ようがんばったね。ありがとう。あんたのがんばりで成功したよ」——ほめられる喜び
③「君のここがすてき（好き）」——個性が見える
④「雨が降ってきたね。知恵を出し合って乗り切ろう」——危機や困難をみんなで克服する経験
⑤歌・踊り・スタンツがいっぱい——心騒ぐ文化のちから

一方、母親たちが口々に語ったのは、「主体性がない」「冷《さ》めている」「疲れている」「困難を乗りこえられない」といった〝否定的わが子像〟でした。しかし、そういうわが子にあきらめていたなら、こんな場所に来るはずはありません。少年少女キャンプに託す〈わけ〉が、それぞれの家庭にあるに違いないと想像しました。

〈みんなでいる〉〈みんなとつくる〉ことが楽しい

子どもの現状やキャンプの意義については、さきほどの指導員長谷川さんも、三年前に書いています。夏休みに入っても塾やおけいこごと、部活とみんな忙しく、班の全員がそろうのは当日になってしまうこともある――子どもたちがいかに生活に追われているかを痛感する、というのです。

「それでも、自然のなかで汗まみれ泥まみれになって、四日間都会から切りはなされて一つの村をつくる生活はストレスを発散できるのか、人間同士の根本のつながりを肌で感じることができるのか、子どもたちは行く前とはうって変わってキラキラした目で帰ってきます。…（中略）…自然のなかで、自分たちで生活を創りだし、〝新しい体験をしたり、キャンプ技術を身につける〝ことも、自分への自信がつく源なのだと思います。」

「今年は、やはり〝みんなで力をあわせてすることが楽しいと思える、みんなでいることが楽しいと思えるキャンプ〟にしていきます。そのために、指導員と本音を出し合い、ぶつかり合いながら深めていきたい。」

（「みんな一人一人が本当に満足できるキャンプに」『子ども会少年団』一九九九年六月、少年少女組織を育てる全国センター）

だからキャンプはやめられない

今回のキャンプで、子どもたちは何をつかみとったのでしょうか。

「花火村」（尼崎）の感想文集をのぞいてみましょう。

「今年のキャンプは、去年のキャンプよりも声がだせてよかったです。去年はあんまり声がだせなかったけど今年は声がだせたし、大キャンプファイヤーのときも声がだせ、ダンスなどができてよかったです。

班長ははじめてだったけど、たのしかったです。ぼくは一日目からけがばかりしていました。班長もいいものだと思った。けどいっぱいぼくは、班長がみじゅくものです。」

（村辺浩一、メルヘン少年団・中二。傍点は引用者）

日本語としての難点をカバーして余りある、自分の成長への喜びが伝わってきませんか。

「私は、一番かんどうしたことがあります。それは、子ども達でごはんを作ったときに、ちゃんと作れて指導員達にめっちゃほめられまくってそんで、あとから涙がめっちゃでました。めっちゃかんどーしました。

今年のキャンプは、かなり、つかれたし、めっちゃおもしろかった。」

（本間あかね、ひかり少年団・中二。傍点は引用者）

ほめられる（評価される）ことが子どもをどんなに伸ばすか、あかねさんの超「めっちゃ」体験は実証しています。「ほめられると目を丸くする子がいるんですよ。日常生活で、叱られることは多くても、ほめられることが少ないからではないですか」という、父母説明会での藤田さんの話を思い出しました。

指導員の手応えにも目を向けてみましょう。

「今年のキャンプでは、子どもの大切さを強く感じました。自分の失敗をものともせず次の楽しみに向かう姿勢は、私を大いに勇気づけてくれました。わがままな子に腹を立てたり、ひょうきんな子に笑わされている自分は、とても素直だなと思って嬉しかったです。」

（服部眞理、春の風少年団・二二歳。傍点は引用者）

青年が子どもに励まされ教えられる。それは、子どものすごさを知ることであると同時に、自分自身を再発見・再構築することにつながっているようです。

2　〈つながり〉と〈あこがれ〉の子ども・子育て仲間

——尼崎の少年団とセンター運動の一九年

交流しながら光る少年団の個性

尼崎では現在（二〇〇二年十一月）、「風の子」「メルヘン」「ひかり」「流れ星」「にじいろ」と本庁準備会の六つの少年団が活動しています。最初の風の子少年団準備会が生まれたのが一九八四年。五団に増えた九四年、「少年少女組織を育てる尼崎センター」が結成されました。

団員は小中学生で、彼らを支える指導員は高校生・学生・大学生たちですが、各団の団員・指導員は一ケタから三〇人くらいまでと、その規模はまちまちです。共通なのは、年間をとおしての行事（もちつき・スキー・卒業パーティー・映画会・子どもまつりなど）と月数回の「遊ぼう会」です。どの団でも楽しくて多彩な〈遊びの世界〉が豊かに発展しています。

かつて、日本中の原っぱや路地裏に当たり前に見られた遊び集団も、今や、こうした少年団などごく限られた条件のもとでしか創出できなくなっているとしたら、ほんとうに貴重です。そこで生きいきと走りまわる子どもたちの姿に、〈子ども社会〉再生のカギを見出すことができます。

六団が何かにつけて一緒によく合宿するのも、尼崎センターの特徴です。「エビっこ具《ぐ》だくさん合宿」というユニークなのもあって、これは〃エビのように元気に跳びはね、おもしろい中身がいっぱい〃に由来します。

▶大阪少年少女キャンプ

子ども・青年・父母の〈居場所〉としての少年団

尼崎に少年団が誕生したのは、市内にある「太陽《ひかり》の子保育園」の園長福元孝子さんが相談を受けた、ある母親の一言がきっかけでした――「卒園して校区の小学校に上がると、それまでのつながりがなくなる。地域で子どもが生きいき遊べる組織のようなものはないかしら」。それは、「ベルトコンベアーに乗せて、大人の言いなりになるような子どもを育てるような子育て・保育・教育に疑問をもっていた」福元さんの思いとも通じるものでした。

たまたま目にした少年団関係の新聞記事を手がかりに、大阪センターに問い合わせます。その年、はじめて少年少女キャンプに参加した子どもたちは、ものすごい刺激を受けて帰ってきました。帰りの尼崎駅前では、覚えた歌を歌い「団結チクサクコール」を繰り返し、なかなか解散しようとしないのです。その後、親たちに「少年団つくってよ」と熱心にラブコールを送ることになります。そこで誕生したのが、風の子少年団です。

小学校入学後に定員オーバーで学童保育に入れなかった経験や、卒所後（四年生以降）の子どもの生活不安もまた、自前の子ども組織づくりに向かわせる誘因となりました。その後の長い時間をかけた努力のなかで、今日の少年団があるのです。

いま、子ども・青年・父母にとって少年団はどういうところになっているのでしょうか。小五からメルヘン少年団の団員として参加し、現在指導員をしている中村健二さん（大阪センター常任委員、調理師）は、こう話してくれました。

「団の活動では、子どもらと公園でメチャクチャ遊びます。『ケンちゃんは、よっぽど子どもが好きなんやな』といわれますが、僕は子どもが好きなんではなくて、子どもに『ケンちゃん、ケンちゃん』と呼ばれる自分が好きなんです。子どもにあこがれられたいんです。」（傍点は引用者）

おもしろい表現ですが、キャンプ指導員の服部眞理さんと同様、子どもに寄り添い、子どもに働きかけるなかで、逆にその子どもたちからもらう〈自己肯定感〉〈もう一つの自己像〉〈生きがい〉が、青年たちにとっての少年団の魅力なのですね。

健二さんの母親中村治子さんも、重要な指摘をしています。

「少年団やキャンプに、すごい格好で来る子がいますよね。『あんたら、ここでもそんな格好せんならんの？』と聞くと、子どもらは『学校ではレッテル貼られるけど、ここは違うんや』と答えます。ここなら安心してしたいことができる、バカな真似ができるというのです。

ほかの子と違っても認めてもらえる、そんな人間同士の関係が結べるのが少年団です。親も同じです。学校の薄いかかわりと異なり、気を使ってものをいう必要がない。

妙な利害関係がないから、『あんたの子、万引きしてるらしいで』とまっすぐ言えたりもする」（傍点は引用者）

少年団は〈安心の居場所〉なのです。その人がその人らしく振る舞い、また人間らしい〈やさしさ〉や〈きびしさ〉をそのまま出しあえるところだということです。

〈つながり〉と〈あこがれ〉をはぐくむ

ここで、尼崎の少年団と少年少女センター・子育て運動の歩みをまとめてみましょう。

まず第一に、民主的な保育所・学童保育づくりと医療生協が土台にある尼崎の歴史的条件をあげることができます。兵庫県尼崎市は、大阪市に隣接する人口約四九万人の労働者のまちです。第二次大戦後は臨海阪神工業地帯の中心として栄えてきましたが、大気汚染や地盤沈下問題で公害反対の住民運動が起こったところでもあります。健康と子育てにおける要求には、もともと切実なものがありました。

第二は、少年団の意義と魅力はあくまでも〈子どもが主役〉にあることを一貫して、実践的に追求し続けている点です。

第三は、個人も組織（少年団・指導員サークル・父母会・地域センター）も、〈交流と共同〉のなかで輝く、育つというプロセスを大事にしている点です。

第四は、〈学習〉の重視です。テーマも「少年団とは」にとどまらず、「平和」「思春期」「性」……と社会的なひろい関心にもとづいています。

第五は、〈民主主義と自治〉を自覚的に追求しようとしている点です。思ったことを言い合える関係の実現に、日々つとめています。指導員サークル「いし」のリーダー徳永夏《か》苗《なえ》さん（風の子少年団、保育士）は、「最初の頃は会議どころか、すぐおしゃべりに。でも、みんなが結びつきを求めているのはわかっていたから、あきらめずに続けたら、少しずつ少しずつ高まっていき、話し合いができるようになりました」と、「小さな喜びの積み重ね」の大事さを教えてくれました。

第六は、尼崎センターが、大阪センターや全国センターとの協力共同を大切にし、全国的視野と運動的視点をもちつづけているという点です。

第七には、地域に〈あたたかいつながり〉を築いてきたことでしょう。それは、子ども期・青年期・壮年期をとおして〈人生の仲間〉を豊かにもつことであり、日常的には支えあう〈生活の仲間〉をもつことにほかなりません。

〝あんな青年になりたい〟という子どもの〈あこがれ〉が、青年の自己肯定・自信・エンパワーメントを生み出すことはすでに検証しました。この、子どもと青年の関係は、青年と父母の関係、あるいは若い父母と先輩父母の関係に置き換えることもできるでしょう。

3　子ども組織と地域活動のこれから

〝偽装の時代〟に〈ほんもの〉を求める

二〇〇一年の九月にニューヨークで起こった同時多発テロ事件と、その後のアフガニスタン・イラクへの米国の戦争は、〝二一世紀を平和の世紀に〟という世界の願いに反して、多くの人々を殺傷し悲しませ、新たな危機を拡大しました。

こうした流れに抗し、平和の実現を求める草の根の運動は休むことなく続けられ、かつてないひろがりをつくり出しています。インターネットを使った「非戦」の世論の地球規模の拡大、長崎の高校生たちによる「戦争も核兵器もない平和な世界を求める一万人署名活動」など、心強い動きもまた存在するのです。本節の冒頭で、〈沖縄の心＝平和〉のメッセージを込めた「琉球愛歌」が、大阪少年少女キャンプで歌われたことを紹介しましたが、このような文化のもつ力、そして友情をはぐくむ子どもたちの取り組みもまた、平和を築く希望だといえるでしょう。

危機といえば、長引く不況と失業・リストラの嵐のなかで、日本の家族もまた未曾有の困難に直面しています。長時間労働による過労死や健康異常が増え、経済的な行き詰まりから自殺に追い込まれる人や進学を断念する子どもたちが後をたちません。児童虐待や不登校・ひきこもりなど、子どもの受難も拡大の一途をたどっており、日本社会が未だ真の平和や豊かさに至らず、さまざまな課題をかかえていることを示しています。

憲法と教育基本法を変えようとする動きも、いよいよ急となってきました。平和主義と国民主権・基本的人権をひっくり返そうとする、こうした歴史の逆流を許してよいものでしょうか。

ＢＳＥ（狂牛病）の牛肉や乳製品をはじめ、食品を中心に「偽装」が次々と問題になりました。その背景には安全・モラルより利潤を優先する〝ルールなき資本主義〟、顔の見えない大量生産・大量消費があります。

（注）二〇〇五年、偽装問題が建築物の耐震強度やネット社会での大がかりな株取引にまで及んだことは、ご承知のとおりです。

性格は違いますが、本書で取り上げた「学校週五日制」も、〝看板に偽りあり〟の側面をもっていました。グローバルな平和の問題から身近な子育て・教育の問題まで、いま偽装を見抜き〈ほんもの〉をつくりだす市民の英知と努力が求められています。

暮らしと地域に〈つながり〉と〈希望〉を

本書ですでに論述したように、高度経済成長期以降、今日のＩＴ化の急速な浸透によって、家庭と地域社会の衰弱・空洞化がいっそう進んでいます。人々を結びつけていた地縁・血縁の意味が薄らいでいるのも事実です。歴史的には、それらは個人の自由や自立を妨げる前近代的な足かせとして、脱却すべき対象でもありました。しかし、それでもなお、人は何の〈つながり〉も〈支え〉ももたずに生きていくことはできません。

そこで、〝新しい縁《えん》〟として登場し注目されているのが、子どもを媒介として結びつく「子縁」、友だちつながりの「友縁」、さらに、かかえている共通の問題で集まる「問題縁」などです。今風には「ネットワーク」と総称できるでしょう。子どもの組織を育てる運動、新しい地域の共同の子育ての取り組みも、そうした流れの一つです。

インターネットの発達した今日、ネットワークは地球規模にも及んでいて、人々のつながりの場もけっして狭い地域に限定されるわけではありません。とはいえ、日常の生活圏としての〈地域〉の見直し・取り戻しは切実な課題となっています。

尼崎も含め甚大な被害を受けた一九九五年の阪神淡路大震災ですが、日頃から近隣の結びつきのあった地域では、住宅地・マンションを問わず、住民の助け合いによって復興が早かったと言われています。

日常の暮らしに軸足を置いた落ち着きと安心、真の豊かさの実現が私たちの願いです。山田洋次監督は、映画『たそがれ清兵衛』（時代劇）に込めた現代へのメッセージとして、立身出世や金もうけ、競争ではなく、家族や仲間との暮らしを大切に生きる「身の丈の豊かさ」を語っています。

「権利より義務（自己責任）」「ゆとりより学力」といった逆流＝偽装を見抜きながら、子どもと大人、男性と女性が支えあって生きていける共生の地域づくりを、これからも求め続けたいものです。足元からきずく〈人と人のつながり〉のなかに、未来への希望も見出せるのではないでしょうか。

写真提供　藤田武久氏

あとがき

本書のタイトル「子育て再発見」に私が込めた思いは、今日ひろがっている子育ての「つらさ」の根源に目を向け、「それでもやっぱり、子育ては楽しいのだ」という事実に確信をもちたいということに尽きます。そのポイントは、以下の四つです。

一つは、子育てがいまだに「母親の責任」だとされる傾向の強い現状に対し、〈男女平等〉をキーワードとして、父親を含む家庭・地域・社会の「共同」「連帯」のいとなみだという本来像を具体的に示すこと。

二つには、あまりに自明の施策的目標になった感さえある「子育て支援」について、その〝支援する人／される人〟といった近代的・固定的枠組みを問い直し、当事者主義（＝子育て主権）の立場を豊かに提起すること（その点では、『江戸の子育て』の著者中江和恵さんの『日本人の子育て再発見』〈フレーベル館、一九八五年〉も貴重な先行研究です）。

三つには、子どもの権利の視点から子育てを見直すこと。八年前の拙著（今回と同じミネルヴァ書房から）の「まえがき」には「再発見！　子どもの中の力と希望」という副題を付していますが、本書はこの視点を継承するものです。子育ては、〝子どもと生きる発見と感動の旅〟であり、〝一粒で二度おいしい〟人生の体験だといえないでしょうか。

四つには、「足元から」（＝日常生活から／家庭や地域、学校や職場から）問題を問う姿勢です。政治・経済のあり方は重要ですが、それだけで決まるわけではありません。むしろ、保守的で早々には変わりそうもない足元から「変える」契機をつかみ努力することが大事ではないか。ここ最近、私が好んで使う表現――それが「足元から」です。

さて、本書のもとになった論考の出所を記しておきましょう。転載にあたって、改題・加筆・削除を含む修正をほどこしています。

Ⅰ　1　書き下ろし
　　2　『ちいさいなかま』（全国保育団体連絡会編集、草土文化、二〇〇〇年四月）
　　3　『子どものしあわせ』（日本子どもを守る会編集、草土文化、一九九八年四月）
Ⅱ　1　『広報うと』（熊本県宇土市、二〇〇二年六月から二〇〇三年三月までの連載七回分）
　　2　『熊本市男女共同参画に関する市民意識調査報告書』（熊本市、二〇〇四年三月）

3 『くまもとの子育てVol．4』（熊本子育て交流会編、二〇〇六年三月。ただし、冒頭一の報告はDCI日本支部『子どもの権利モニター』第七三号、二〇〇五年七月が初出。）

Ⅲ

1 『熊本日日新聞』（二〇〇二年四月から九月までの連載十三回のうち九回分）

2 『エデュカス』（全日本教職員組合編集、大月書店、一九九八年一〇月）

3 『国連「子どもの権利委員会」への第二回市民・NGO統一報告書』（第二回子どもの権利条約 市民・NGO報告書をつくる会、二〇〇三年）

Ⅳ

1 『最新青少年事情サミングアップ』（太田政男編集、教育開発研究所、二〇〇三年）

2 『教師教育学会年報』第十三号（日本教師教育学会編、学事出版、二〇〇四年）

3 『第三十二回 子どもの組織を育てる全国集会基調報告』（少年少女組織を育てる全国センター常任委員会、二〇〇二年十一月）

転載を快諾していただいた関係者・出版社すべての皆様に、お礼申し上げます。Ⅲの3が、「つくる会」と共同執筆者である増山均氏（早稲田大学教授）のご了解を得て――「です」「ます」調に変えることも含め――収録させていただいたことに感謝いたします。Ⅳ

の3については、当初、「基調報告」の全部をそのまま資料として収録することを考えましたが、分量の多さから断念せざるをえず、一部のみの抜粋や部分引用をつなげての紹介も意図的・技術的に困難と判断し、私の手によるダイジェスト（要約）という異例なかたちで反映させていただきました。

（注）この報告は全国センター常任委員の一人（当時）であった山下が起草したものとはいえ、あくまでも集団的に検討・提案された公的文書であり、原則として手を加えることができないのは言うまでもありません。今回、二〇〇四年六月に新組織となり全国センターの〈財産〉を継承している「少年少女センター全国ネットワーク」の特別の了解を得て、〃禁じ手〃を使わせていただいたことをお断りします。ネットワークの皆様のご高配に深謝するものです。

この八年間、あちこちに書いた原稿の中からピックアップして一冊にまとめることなど無理ではないかと思っていたのですが、なんとか様《さま》になりそうで安堵しています。本書が子育て・教育の「語りあい」に少しでも貢献できれば、望外の喜びです。

本文中でも取り上げたように、「かたる」には「事柄や考えを言葉で順序立てて相手に伝える」ことのほかに、「うちとけて付き合う」意味もあり（『広辞苑』）、さらに九州の方言では「仲間になる」「参加する」意味が加わります。私流には、個々人が率直かつ対等に「意見表明」しあうこと（対話・交流）が社会参加へ、そして社会変革につながるのだ、と理解しています。

この「あとがき」をしたためているまさにこの時、政府与党は教育基本法の「改正案」を国会に上程しようとしており、あとには改憲が待ちかまえています。私にとって、「〈いのち〉あっての教育」（前著の書き出し）、平和のためにこそあるべき教育をひっくり返す、こうした動きを許すことは到底できません。教育のみならず、日本の子育てにおける戦後最大の危機が目の前にあると言うべきでしょう。歴史を「かたり（騙り）」、未来に禍根を残すことだけには組したくないものです。

今回も、編集担当の浅井久仁人さんには大変お世話になりました。四人の子どもの子育て真っ最中の彼は、まぎれもなく本書の最初で最強の読者です。

二〇〇六年五月一日——憲法記念日と「こどもの日」を前にして

山下 雅彦

著者紹介

山 下 雅 彦（やました・まさひこ）

1953年　高知県土佐清水市生まれ。

京都教育大学，東京都立大学大学院人文科学研究科修士課程修了。

専攻は，教育学，社会教育学，子ども・子育て論。

現　在　東海大学九州キャンパス教授。

（課程資格教育センター九州分室長／教育学研究室）

子どもの権利条約 市民・NGO 報告書をつくる会 起草委員
DCI（子どもの権利のための国連NGO）日本支部 運営委員
子どもの権利条約を実現する市民の会・くまもと 代表
熊本子育て教育文化運動交流会 事務局長
菊陽 子育て・虐待防止ネットワーク研究会 会長
登校拒否・不登校に学ぶフレンズネットワークくまもと 顧問
社団法人 熊本私学教育支援事業団 理事
NPO 法人 くまもと地域自治体研究所 理事
NPO 法人 学童保育協会 理事

著　書　『子どもの中の力と希望――「子どもの権利条約」がつなぐ子育て・教育・文化』ミネルヴァ書房，1998年。

『子育てにマニュアルなし！――愛と本気の子育てバトル』（共著）かもがわ出版，2004年。

『続・子育てにマニュアルなし！――子育ても介護もホンネが勝負』（共著）かもがわ出版，2009年。

『ブックレット みんなで希望の子育てを』（私家版）など。

子育て再発見
——それでもやっぱり，子育ては楽しい——

2006年７月30日　初版第１刷発行　　検印廃止
2012年５月20日　初版第２刷発行

定価はカバーに
表示しています

著　者　山　下　雅　彦
発行者　杉　田　啓　三
印刷者　中　村　知　史

発行所　株式会社　ミネルヴァ書房
607-8494 京都市山科区日ノ岡堤谷町１
電話 075-581-5191／振替 01020-0-8076

中村印刷・藤沢製本
JASRAC 出 0604567-601

ISBN978-4-623-04674-4
Printed in Japan